Brigitte Uhde-Stahl

Das Geschenk der Zeit

Das Geschenk der Zeit

Ein Begleiter durch 365 Tage

Herausgegeben
von Brigitte Uhde-Stahl

Patmos

Die Deutsche Bibliothek verzeichnet diese Publikation
in der Deutschen Nationalbibliographie;
detaillierte bibliographische Daten sind im Internet
über http://dnb.ddb.de abrufbar.

Patmos Verlag, Düsseldorf und Zürich

Umschlaggestaltung: Hauptmann und Kampa, CH-Zürich
Fotos: Peter Krolow, Düsseldorf
Druck und Bindung: Clausen & Bosse, Leck
ISBN 3-491-45005-5
www.patmos.de

Zeit – ein Geschenk

»Entschuldigung«, sagte ein Fisch aus dem Ozean zu einem anderen. »Sag mir, wo kann ich die Sache finden, die man Ozean nennt? Ich habe vergeblich überall danach gesucht.« »Der Ozean«, sagte der ältere Fisch, »ist das, worin du jetzt schwimmst.« »Das? Aber das ist ja nur Wasser. Ich suche den Ozean«, sagte der jüngere Fisch sehr enttäuscht und schwamm davon, um anderswo zu suchen.

»Sag mir, was ist die Sache, die man Zeit nennt?« fragen wir Menschen und versuchen zu ergründen, was Wurzel, Medium und Inbegriff unserer Existenz ist.

Wir erforschen sie draußen im Universum der Gestirne und leben mit ihr im Rhythmus der Jahreszeiten und in der Wiederkehr von Tag und Nacht. Wir messen, analysieren und zerteilen sie in Sekunden, Minuten, Stunden, Tage ... Wir jagen hinter ihr her oder laufen ihr davon. Wir versuchen sie zu haschen oder anzuhalten. Vergeblich, denn sie entzieht sich unserem Griff. Wir erleben sie innerlich als kurz oder lang, als aufregend oder langweilig, als schnell oder langsam. Sie offenbart sich uns als Fließen und Strömen, als Werden und Vergehen, Veränderung und Entwicklung. Sie gibt und nimmt. Heute schenkt sie uns die Erinnerung an

früher, gestern pflanzte sie die Sehnsucht nach einem Morgen. Wir schwimmen in ihr als Kind, Erwachsener und alternder Mensch. Sie läßt uns wachsen und reifen, verleiht uns Vergänglichkeit und Endlichkeit, kennt dabei keine Unterschiede. Wir versuchen, ihrem Gesetz zu entrinnen, und bleiben doch endlos auf ihr Rad gespannt.
Könnte es denn nicht gelingen, die Hand vom Auge zu ziehen? Einen Spalt in das Tor zur Zeitlosigkeit zu öffnen? Dichter, Mystiker und Weise beschreiben die Seligkeit, die sie erfüllt, wenn sie im Zustand vollkommener Achtsamkeit einen Blick in die schöpferische Werkstatt der Zeit erhaschen. Dorthin, wo das Mysterium unserer Existenz seine Heimat hat.

Inhalt

Januar

Die Krüge
für Klaus Demus

An den langen Tischen der Zeit
zechen die Krüge Gottes.
Sie trinken die Augen der Sehenden leer und
die Augen der Blinden,
die Herzen der waltenden Schatten,
die hohle Wange des Abends.
Sie sind die gewaltigsten Zecher:
sie führen das Leere zum Mund wie das Volle
und schäumen nicht über wie du oder ich.

Paul Celan

Neujahrslied

Mit der Freude zieht der Schmerz
traulich durch die Zeiten,
schwere Stürme, milde Weste,
bange Sorgen, frohe Feste
wandeln sich zur Seiten.

Und wo eine Träne fällt,
blüht auch eine Rose.
Schön gemischt, noch eh wir's bitten,
ist für Thronen und für Hütten
Schmerz und Lust im Lose.

Gebe denn, der über uns
wägt mit rechter Waage,
jedem Sinn für seine Freuden,
jedem Mut für seine Leiden
in die neuen Tage!

Jedem auf des Lebens Pfad
einen Freund zur Seite,
ein zufriedenes Gemüte,
und zu stiller Herzensgüte
Hoffnung ins Geleite.

Johann Peter Hebel

Rätsel – Die Zeit

Ich kugelrundes Haus, das, in dem Luft bestehet,
Verschleuß, was lebt und bebt, daß es beharrlich gehet.
Was ich gewesen bin, das werd ich nach und nach:
Wer mich einmal verleurt, gewinnet Weh und Ach!

Georg Philipp Harsdörffer

Im Kalender ist der Tag noch nicht verzeichnet

Alle Monate, alle Tage,
Liegen noch frei. Einer der Tage
Wird angekreuzt werden.

Bertolt Brecht

Sind im Januar die Flüsse klein,
gibt's im Herbst einen guten Wein.

Spruchweisheit

Kaspar, Melchior, Balthasar,
behütet uns auch dieses Jahr
vor Feuer- und vor Wassersg'fahr.

Spruch

»Sag mal«, fragte sie schließlich, »was ist denn die Zeit eigentlich?«
»Das hast du doch gerade selbst herausgefunden«, antwortete Meister Hora.
»Nein, ich meine«, erklärte Momo, »die Zeit selbst – sie muß doch irgend etwas sein. Es gibt sie doch. Was ist sie denn wirklich?«
»Es wäre schön«, sagte Meister Hora, »wenn du auch das selbst beantworten könntest.«
Momo überlegte lange.
»Sie ist da«, murmelte sie gedankenverloren, »das ist jedenfalls sicher. Aber anfassen kann man sie nicht. Und festhalten auch nicht. Vielleicht ist sie so was wie ein Duft? Aber sie ist auch etwas, das immerzu vorbeigeht. Also muß sie auch irgendwo herkommen. Vielleicht ist sie so was wie der Wind? Oder nein! Jetzt weiß ich's! Vielleicht ist sie eine Art Musik, die man bloß nicht hört, weil sie immer da ist. Obwohl, ich glaub', ich hab' sie schon manchmal gehört, ganz leise.«
»Ich weiß«, nickte Meister Hora, »deswegen konnte ich dich ja zu mir rufen.«
»Aber es muß noch was anderes dabei sein«, meinte Momo, die dem Gedanken noch weiter nachhing, »die Musik ist nämlich von weither gekommen, aber geklungen hat sie ganz tief in mir drin. Vielleicht ist es mit der Zeit auch so.«

Michael Ende: Momo

Die Zeit fließt

Vor einem Jahr erlitt ich einen großen Herzinfarkt, den ich wie einen gigantischen Vulkanausbruch erlebte. Ich fühlte mich von einem inneren Druck befreit, der in den Wochen davor schwer auf mir gelastet hatte. Die depressiven Stimmungen waren gewichen. Gelassen und in einem Zustand der Geborgenheit ließ ich die alltäglichen Dinge willenlos an mir vorüberziehen.
Als ich so in meinem Krankenhausbett lag, vor mir die weiße, bilderlose Wand – sonst nichts –, überkam mich eines Tages ein starkes, nie gekanntes oder je zuvor erlebtes Gefühl: »Die Zeit fließt!«
Ein Hauch von wärmendem Licht strömte über die kahle Wand und vermittelte die Gleichzeitigkeit beseligender Ruhe und fließender Bewegung. Eine Leichtigkeit, die den Körper nicht mehr spüren läßt, versetzte mich in eine Art Schwebezustand. Kein Vorher, kein Nachher, sondern ein »Guckfenster« in das, was »hinter den Dingen« kommt. Eine ausgestanzte Zeitspanne menschlichen Daseins, wahrgenommen in einem Zustand der Ichlosigkeit.
Rasch erfolgte die Rückkehr ins Tagesbewußtsein. Manchmal erschien es mir im nachhinein, als hätte ich in dieser Grenzsituation zwischen Leben und Tod für Sekunden den tragenden Untergrund menschlichen Daseins erleben dürfen. Ich habe die Zeit fließen sehen ...

Wolfgang Rinn

9

Januar

Tage wie Nebelschwaden
dumpfe Stille
umfängt die Welt
farblos tropft die Zeit
zerplatzt in
tausend Träume

Sabine Witowski

Der römische Brunnen

Aufsteigt der Strahl und fallend gießt
Er voll der Marmorschale Rund,
Die, sich verschleiernd, überfließt
In einer zweiten Schale Grund;
Die zweite gibt, sie wird zu reich,
Der dritten wallend ihre Flut,
Und jede nimmt und gibt zugleich
Und strömt und ruht.

Conrad Ferdinand Meyer

11

Januar

Jedes Ding hat zwei Gesichter,
eins des Vergehens, eins des Werdens.

Friedrich Nietzsche

Ich möchte das Wesen der Zeit untersuchen, nicht ihr Vergehen, denn ich glaube nicht, daß sich ihr Wesen auf ihr Vergehen reduzieren läßt. Ich möchte die »Zeit« liebkosen. Man kann ein Liebhaber des Raums und seiner Möglichkeiten sein: Nehmen wir, zum Beispiel, Geschwindigkeit, die Glätte und das Schwertschwirren von Geschwindigkeit; den Adler-Ruhm beherrschender Schnelligkeit; den Freudenschrei der Kurve; und man kann ein Amateur der Zeit sein, ein Epikureer der Dauer. Ich erfreue mich sinnlich an Zeit, ihrem Stoff und ihrer Ausdehnung, ihrem Faltenwurf, an der Unfühlbarkeit ihrer graufarbenen Gaze, an der Kühle ihres Kontinuums. Ich möchte daraus etwas machen; mich einem Schein von Besitz hingeben. Ich bin mir bewußt, daß alle, die versucht haben, das verzauberte Schloß zu erreichen, sich in Dunkelheit verirrt haben oder in »Raum« steckengeblieben sind. Ich bin mir auch bewußt, daß »Zeit« ein flüssiges Medium ist, in dem man Metaphern kultiviert.

Vladimir Nabokov: Ada oder das Verlangen

13

Januar

Ständig beeilt sich das eine zu entstehen, das andere beeilt sich, seine Vollendung zu erreichen. Aber auch von dem, was gerade entsteht, ist immer schon etwas verloschen. Strömungen und Veränderungen erneuern den Kosmos ununterbrochen, wie der nie versiegende Strom der Zeit die grenzenlose Ewigkeit ständig erneuert. Was könnte man von den Dingen, die in diesem Fluß vorübertreiben, hoch schätzen, da man doch darauf nicht sicher stehen kann? Als ob jemand beginnen wollte, einen der vorüberfliegenden Sperlinge zu lieben, der im selben Augenblick den Augen schon wieder entschwunden ist.

Marc Aurel: Selbstbetrachtungen

MARSCHALLIN: Die Zeit, die ist ein sonderbares Ding.
Wenn man so hinlebt, ist sie rein gar nichts.
Aber dann auf einmal,
da spürt man nichts als sie:
sie ist um uns herum, sie ist auch in uns drinnen.
In den Gesichtern rieselt sie, im Spiegel da rieselt sie,
in meinen Schläfen fließt sie.
Und zwischen mir und dir da fließt sie wieder.
Lautlos, wie eine Sanduhr.
[…]
Manchmal hör ich sie fließen unaufhaltsam.
Manchmal steh ich auf, mitten in der Nacht,
und laß die Uhren alle stehen.

Hugo von Hofmannsthal: Der Rosenkavalier

15

Januar

GEIST: In Lebensfluten, im Tatensturm
Wall ich auf und ab,
Webe hin und her!
Geburt und Grab,
Ein ewiges Meer,
Ein wechselnd Weben,
Ein glühend Leben,
So schaff ich am sausenden Webstuhl der Zeit
Und wirke der Gottheit lebendiges Kleid.

Johann Wolfgang von Goethe: Faust I

Das Alte stürzt, es ändert sich die Zeit.

Friedrich Schiller

17

Januar

Siehest du diesen Strom fortschwimmen, wie er aus einer kleinen Quelle entsprang, wächst, dort abreißt, hier ansetzt, sich immer schlängelt und weiter und tiefer bohret – bleibt aber immer Wasser, Strom, Tropfe, immer nur Tropfe, bis er ins Meer stürzt. Wenn's so mit dem menschlichen Geschlechte wäre? Oder siehest du jenen wachsenden Baum, jenen emporstrebenden Menschen? Er muß durch verschiedene Lebensalter hindurch, alle offenbar im Fortgange, ein Streben aufeinander in Kontinuität!

Johann Gottfried Herder:
Auch eine Philosophie der Geschichte zur Bildung der Menschheit

Der kleine Fisch

»Entschuldigung«, sagte ein Fisch aus dem Ozean zu einem anderen. »Du bist älter und erfahrener als ich und kannst mir wahrscheinlich helfen. Sag mir, wo kann ich die Sache finden, die man Ozean nennt? Ich habe vergeblich überall danach gesucht.«
»Der Ozean«, sagte der ältere Fisch, »ist das, worin du jetzt schwimmst.«
»Das? Aber das ist ja nur Wasser. Ich suche den Ozean«, sagte der jüngere Fisch sehr enttäuscht und schwamm davon, um anderswo zu suchen.

Anthony de Mello

Wir sind, weil wir die Zeit sind

Ohne Zeitfluß gibt es keine wahrnehmbare Natur, keinen Raum, kein Denken und auch keine menschliche Vorstellungskraft. All dies setzt nämlich Ordnung voraus, welche auf Kosten eines viel größeren Stromes von Unordnung erzeugt wird, der die Zeit mit sich führt. Wir empfinden den Zeitfluß, weil er Teil unseres Denkens, Fühlens und Empfindens ist. Wir sind, weil es die Zeit gibt. Wir werden geboren, weil es die Zeit gibt, und wir sterben, weil es die Zeit gibt. Die Zeit ist kein Phänomen außerhalb von uns. Sie ist vielmehr ein Grundelement des Lebens und unseres Denkens. Andererseits gibt es Zeit und Raum nur in einem Universum, in dem Leben letztlich möglich ist. In einem solchen Universum müssen irreversible Prozesse ablaufen, die Unordnung und den Zeitfluß erzeugen. Es wäre nicht vermessen zu sagen: »Am Anfang war die Zeit und mit ihr der Raum.« Haben wir genug Phantasie, um uns ihr mögliches Zusammenspiel im Weltall zu veranschaulichen?

Helmut Tributsch

Ich – Schnittstelle Interface

»Die Zeit, was ist die Zeit?«
Wie soll ich es wissen? Wissen! Ich …
Durch alle Poren drängt sie, von innen nach außen, von außen nach innen. Sie trifft sich mit sich selbst im Strudel ihrer selbst. Und ich, ich halte mich im Lot, eine stehende Welle in der brandenden Strömung der Zeit. Sie zieht mir die Füße weg, unterspült mein Fundament, hinterläßt mich als gestrandetes Rudiment. Aber nein, sie richtet mich auf, erfaßt meinen Scheitel, pocht an die Stirn, gleitet durch den glitzernden Kanal meiner Wirbel, rieselt durch die schillernden Wände meiner Gefäße. Sie senkt sich in meine Arme und Hände, wärmt sich in meinem Bauch, wandert in die Beine, umspült die Knie, sprießt durch die Fußsohlen hindurch dem Erdmittelpunkt zu. Ich fließe mit, schwimme hinterher und vorneweg, atme sie ein, folge ihrem Strom und entlasse sie aus mir selbst. Wo bin ich? Meine Festigkeit, mein kristalliner Kern? Ich werde zur Haut zwischen gestern und morgen, zwischen hier und jetzt und schmiege mich seiden in alle Schnittstellen der Welt. Als Interface bin ich nirgends und doch allgegenwärtig.
Rund um die Uhr sozusagen.

Brigitte Uhde-Stahl

21

Januar

Die Zeit ist nichts anderes als die Form des inneren Sinnes, d. i. die Anschauung unserer selbst und unseres inneren Zustandes. Denn die Zeit kann keine Bestimmung äußerer Erscheinungen sein; sie gehört weder zu einer Gestalt oder Lage usw., dagegen bestimmt sie das Verhältnis der Vorstellungen in unserem inneren Zustande. Und weil eben diese innere Anschauung keine Gestalt gibt, suchen wir auch diesen Mangel durch Analogien zu ersetzen und stellen die Zeitfolge durch eine ins Unendliche fortgehende Linie vor, in welcher das Mannigfaltige eine Reihe ausmacht, die nur von einer Dimension ist, und schließen aus den Eigenschaften dieser Linie auf alle Eigenschaften der Zeit, außer dem einen, daß die Teile der ersteren zugleich, die der letzteren aber jederzeit nacheinander sind. Hieraus erhellt sich, daß die Vorstellung der Zeit selbst Anschauung sei, weil alle ihre Verhältnisse sich an einer äußeren Anschauung ausdrücken lassen.

Immanuel Kant: Kritik der reinen Vernunft

Raum und Zeit, ich empfind es,
sind bloße Formen des Anschauns,
Da das Eckchen mit dir, Liebchen,
unendlich mir scheint.

Johann Wolfgang von Goethe

Zeitmaschine

In jedem unserer Gehirne steckt eine kleine »Zeitmaschine«. Zeitmaschine – nicht im Sinne von Überwindung der Zeit, vielmehr im Sinne von Erschaffung der Zeit.
Wie macht das Gehirn das? Es erhält Bilder von der Welt und speichert sie oder produziert selbst Bilder von der Welt. Dann vergleicht es diese mit soeben Erlebtem oder auch mit zurückgerufenen Bildern oder Phantasien – ein kreativer, aber auch mechanistischer Denkprozeß. Aus der Betrachtung der stetigen Verwandlung der Bilder ineinander entsteht für unser Bewußtsein »Zeit« als eine lineare Dimension. Durch das Zurückführen des Phänomens »Zeit« auf derartige Bewußtseinstätigkeiten wird die Suche nach Zeit außerhalb unserer selbst redundant – »Zeit« braucht also in einem objektiven Weltgefüge überhaupt nicht zu existieren. Vergangenheit und Zukunft werden zur persönlichen Fiktion, und nur der gegenwärtige Augenblick steht uns als Wirklichkeit zur Verfügung.
Wozu machen wir uns dann überhaupt Zeit?
Um das unwiederbringlich »Vergangene« virtuell wieder aufleben zu lassen? – Erinnerung.
Um den Veränderungswillen der Natur zu durchschauen? Dazu brauchen wir sie dringend, denn das Kommende wird für uns sonst allzu leicht zur Gefahr.
Oder um die Verantwortung zu meiden, zu der uns das »Jetzt« aufruft? In der Erkenntnis dessen liegt unsere Chance, denn das »Jetzt« bietet die einzige Möglichkeit, die Welt zu verändern.

Thilo Hinterberger

24

Januar

Raum und Zeit sind nicht Zustände, unter denen wir leben. Raum und Zeit sind Denkweisen, die wir benutzen.

Albert Einstein

Über die Zeit

Daß Zeit den Charakter einer universellen Dimension annimmt, ist nichts anderes als ein symbolischer Ausdruck der Erfahrung, daß alles, was existiert, in einem unablässigen Geschehensablauf steht. Zeit ist ein Ausdruck dafür, daß Menschen Positionen, Dauer von Intervallen, Tempo der Veränderungen und anderes mehr in diesem Flusse zum Zwecke ihrer eigenen Orientierung zu bestimmen suchen.

Norbert Elias

Seit der Epoche der vorsokratischen Philosophen, deren Gedanken über die Zeit uns oft nur in dunklen Sätzen überliefert sind, bis zu den modernen Bemühungen, Zeit wissenschaftstheoretisch präzise zu erfassen, hat wohl jede Generation sich mit dem Problem der Zeit und der Vergänglichkeit denkend und erfahrend auseinandergesetzt. Zwischen Deutungen der Zeit als einem nur subjektiven Phänomen und der Annahme einer objektiven, in der Physik vorgegebenen Zeit, hat sich die Mannigfaltigkeit der Zeitinterpretation verschiedener philosophischer Schulen und unterschiedlicher Spezialwissenschaften entfaltet. Das menschliche Gehirn ist jener Ort im Weltall, wo sich subjektive und objektive Zeit treffen. Seine Funktion ermöglicht in der Zeit, über Zeit zu reflektieren. Zeit als subjektives Phänomen und Zeit als gerichtete oder ungerichtete Eigenschaft unserer physikalischen oder biologischen Umwelt sind nach meiner Einschätzung letztlich nicht voneinander zu trennen. Dennoch scheint es mir wahrscheinlich, daß Zeit den Objekten und Sachverhalten auch ohne uns gegeben ist. Ich gestehe jedoch sofort zu, daß dies ein metaphysischer Satz ist.

Otto-Joachim Grüsser

Zeit und Raum gehören zu den großen Mysterien des menschlichen Geistes! Das Mysterium der Zeit aber ist das tiefere von ihnen. Es ist so tief, daß die Menschheit Tausende von Jahren brauchte, um sich desselben bewußt zu werden. Augenscheinlich wird der menschliche Geist sehr viel eher der Wirklichkeit des Raumes gewahr als der der Zeit. Und dies wiederholt sich in jedem Kinde, bei dem sich das Raumgefühl sehr viel früher entwickelt als das Zeitgefühl, das im frühesten Alter so gut wie abwesend ist. Dies erklärt sich daraus, daß das Raumgefühl zunächst mit der Bewegung des Körpers zusammenhängt, das Zeitgefühl aber mit der Bewegung des Geistes.

Lama Anagarika Govinda

Unendlich ausdehnbar, ganz und gar grenzenlos, schrankenlos – unermeßliche Zeit entsteht und entsteht, ohne umzukehren und ohne Möglichkeit der Minderung. Schöpfend, so weit sie sich erstreckt, kann sie in ihrer Einzigartigkeit nicht anders sein als vollendet. Sie ist sowohl eine Quelle der Gründung dessen, was erscheint, als auch ein Kraftpotential für eine Erkenntnis, die tiefer ist als das Begründen.

Tarthang Tulku

Gedanken über die Zeit

Ihr lebet in der Zeit und kennt doch keine Zeit;
So wißt ihr Menschen nicht, von und in was ihr seid.
Dies wißt ihr, daß ihr seid in einer Zeit geboren
Und daß ihr werdet auch in einer Zeit verloren.
Was aber war die Zeit, die euch in sich gebracht?
Und was wird diese sein, die euch zu nichts mehr macht?
Die Zeit ist was und nichts, der Mensch in gleichem Falle,
Doch was dasselbe was und nichts sei, zweifeln alle.
Die Zeit, die stirbt in sich und zeugt sich auch aus sich.
Dies kömmt aus mir und dir, von dem du bist und ich.
Der Mensch ist in der Zeit; sie ist in ihm ingleichen,
Doch aber muß der Mensch, wenn sie noch bleibet, weichen.
Die Zeit ist, was ihr seid, und ihr seid, was die Zeit,
Nur daß ihr wen'ger noch, als was die Zeit ist, seid.
Ach! daß doch jene Zeit, die ohne Zeit ist, käme
Und uns aus dieser Zeit in ihre Zeiten nähme,
Und aus uns selbsten uns, daß wir gleich könnten sein,
Wie der itzt jener Zeit, die keine Zeit, geht ein!

Paul Fleming

Die Zeit geht nicht, sie stehet still,
Wir ziehen durch sie hin;
Sie ist ein Karawanserei,
Wir sind die Pilger drin.

Ein Etwas, form- und farbenlos,
Das nur Gestalt gewinnt,
Wo ihr drin auf und nieder taucht,
Bis wieder ihr zerrinnt.

Es blitzt ein Tropfen Morgentau
Im Strahl des Sonnenlichts;
Ein Tag kann eine Perle sein
Und ein Jahrhundert nichts.

Es ist ein weißes Pergament
Die Zeit, und jeder schreibt
Mit seinem roten Blut darauf,
Bis ihn der Strom vertreibt.

An dich, du wunderbare Welt,
Du Schönheit ohne End,
Schreib' ich 'nen kurzen Liebesbrief
Auf dieses Pergament.

Froh bin ich, daß ich aufgetaucht
In deinem runden Kranz;
Zum Dank trüb ich die Quelle nicht
Und lobe deinen Glanz!

Gottfried Keller

Das Beste der Welt

Weißt du, was in dieser Welt
Mir am meisten wohlgefällt?
Daß die Zeit sich selbst verzehret
Und die Welt nicht ewig währet.

Friedrich Logau

Februar

Das ist der liebe Februar

1. Februar 1857

Das ist der liebe Februar.
Der nicht mit einunddreißig quält,
Der einz'ge Mond im langen Jahr,
Der richt'ge achtundzwanzig zählt.

Ich brauch' nur achtundzwanzigmal
Zu meinem teuren Simpson gehn
Und kann den boy und mein Gemahl
Drei Tage früher wiedersehn.

Theodor Fontane

Ich hab zur Fastnacht euch geladen,
daß ihr euch Krapfen holt und Fladen
und heut mit mir wollt Fastnacht halten,
dem Brauche nach, dem guten alten.

Hans Sachs

Die Spur

Weiß stiebt der wind von zweig und zapfen
und ebnet leis die fremden stapfen

du prüfst die schrift, eh sie verweht
was für ein wesen vor dir geht

der atem raucht –, schnee packt die sohlen
du kämpfst, den andern einzuholen

die nacht löscht dämmernd den azur
die spur ist deine eigne spur

Christa Reinig

Stille Winterstraße

Es heben sich vernebelt braun
Die Berge aus dem klaren Weiß,
Und aus dem Weiß ragt braun ein Zaun,
Steht eine Stange wie ein Steiß.
Ein Rabe fliegt, so schwarz und scharf,
Wie ihn kein Maler malen darf,
Wenn er's nicht etwa kann.
Ich tapse einsam durch den Schnee.
Vielleicht steht links im Busch ein Reh
Und denkt: Dort geht ein Mann.

Joachim Ringelnatz

Der Schnee

Der Schnee fällt nicht hinauf,
sondern nimmt seinen Lauf
hinab und bleibt hier liegen,
noch nie ist er gestiegen.

Er ist in jeder Weise
in seinem Wesen leise,
von Lautheit nicht die kleinste Spur.
Glichest doch du ihm nur.

Das Ruhen und das Warten
sind seiner üb'raus zarten
Eigenheit eigen,
er lebt im Sichhinunterneigen.

Nie kehrt er dorthin je zurück,
von wo er niederfiel,
er geht nicht, hat kein Ziel,
das Stillsein ist sein Glück.

Robert Walser

Was ist die Zeit? Ein Geheimnis, – wesenlos und allmächtig. Eine Bedingung der Erscheinungswelt, eine Bewegung, verkoppelt und vermengt dem Dasein der Körper im Raum und ihrer Bewegung. Wäre aber keine Zeit, wenn keine Bewegung wäre? Keine Bewegung, wenn keine Zeit? Frage nur! Ist die Zeit eine Funktion des Raumes? Oder umgekehrt? Oder sind beide identisch? Nur zu gefragt! Die Zeit ist tätig, sie hat verbale Beschaffenheit, sie »zeitigt«. Was zeitigt sie denn? Veränderung! Jetzt ist nicht damals, hier nicht dort, denn zwischen beiden liegt Bewegung. Da aber die Bewegung, an der man die Zeit mißt, kreisläufig, in sich selber beschlossen, so ist das eine Bewegung und Veränderung, die man fast ebensogut als Ruhe und Stillstand bezeichnen könnte; denn das Damals wiederholt sich beständig im Jetzt, das Dort im Hier. Da ferner eine endliche Zeit und ein begrenzter Raum auch mit der verzweifeltsten Anstrengung nicht vorgestellt werden können, so hat man sich entschlossen, Zeit und Raum als ewig und unendlich zu »denken«, – in der Meinung offenbar, dies gelinge, wenn nicht recht gut, so doch etwas besser. Bedeutet aber nicht die Statuierung des Ewigen und Unendlichen die logisch-rechnerische Vernichtung alles Begrenzten und Endlichen, seine verhältnismäßige Reduzierung auf null? Ist im Ewigen ein Nacheinander möglich, im Unendlichen ein Nebeneinander? Wie vertragen sich mit den Notannahmen des Ewigen und Unendlichen Begriffe wie Entfernung, Bewegung, Veränderung, auch nur das Vorhandensein begrenzter Körper im All? Das frage du nur immerhin!

Thomas Mann: Der Zauberberg

7

Februar

Die Geschichte vom Abt Virila von Leyre

Vor über 1000 Jahren lebte im nordspanischen Kloster Leyre ein Abt namens Virila. Der Abt dachte intensiv über die Zeit nach. Wie konnte man den Begriff der Zeit fassen, wie konnte man sie messen und was war Ewigkeit?
Eines Tages wanderte er durch den nahen Wald, ganz mit seinem Thema beschäftigt. An einer Quelle setzte er sich nieder. Verzaubert lauschte er dem Lied einer Nachtigall. Die Zeit schien ihm stillzustehen.
Als die Nachtigall ihren Gesang beendet hatte, machte er sich auf den Heimweg. Doch die Landschaft kam ihm seltsam verändert vor. Nur mit Mühe fand er einen Weg zurück zum Kloster. Auch das Kloster erschien ihm anders, viel größer und prächtiger, als er es in Erinnerung hatte. Die Mönche, die er traf, kannte er ebenfalls nicht. Auch ihnen war er unbekannt. Selbst als er seinen Namen nannte und ihnen aus seinem Leben erzählte, erinnerten sie sich nicht an ihn. Nach einigem Suchen fand ein Mönch in den Chroniken des Klosters einen Hinweis auf einen Abt Virila, der vor ungefähr 300 Jahren im Wald verschollen sei.
Da wurde dem Abt klar, daß er dem Gesang der Nachtigall so versunken gelauscht hatte, daß er in die Ewigkeit hinübergeglitten war.

Verfasser unbekannt

O Mensch! Gib acht!
Was spricht die tiefe Mitternacht?
»Ich schlief, ich schlief –,
Aus tiefem Traum bin ich erwacht:
Die Welt ist tief,
Und tiefer als der Tag gedacht.
Tief ist ihr Weh –,
Lust – tiefer noch als Herzeleid:
Weh spricht: Vergeh!
Doch alle Lust will Ewigkeit –,
– will tiefe, tiefe Ewigkeit!«

Friedrich Nietzsche
aus: Also sprach Zarathustra

9

Februar

Du bist nicht veränderlich, da Du die feststehende Ewigkeit bist. Weil die Ewigkeit aber die Zeit nicht verläßt, scheint sie sich mit der Zeit zu bewegen, wenn gleich auch die Bewegung in der Ewigkeit Ruhe ist.

Nikolaus von Kues: Vom Sehen Gottes

10

Februar

Man redt von Zeit und Ort, von Nun und Ewigkeit:
Was ist dann Zeit und Ort und Nun und Ewigkeit?

Zeit ist wie Ewigkeit und Ewigkeit wie Zeit,
So du nur selber nicht machst einen Unterscheid.

Zwei Augen hat die Seel; eins schauet in die Zeit,
Das andre richtet sich hin in die Ewigkeit.

Die Seel, ein ewger Geist, ist über alle Zeit,
Sie lebt auch in der Welt schon in der Ewigkeit.

Wer Gott in allem Tun von Herzen loben kann,
Der hebt schon in der Zeit das ewge Leben an.

Ich selbst bin Ewigkeit, wann ich die Zeit verlasse
Und mich in Gott und Gott in mich zusammenfasse.

Angelus Silesius

Die zwei Parallelen

Es gingen zwei Parallelen
ins Endlose hinaus,
zwei kerzengerade Seelen
und aus solidem Haus.

Sie wollten sich nicht schneiden
bis an ihr seliges Grab:
Das war nun einmal der beiden
geheimer Stolz und Stab.

Doch als sie zehn Lichtjahre
gewandert neben sich hin,
da wards dem einsamen Paare
nicht irdisch mehr zu Sinn.

Warn sie noch Parallelen?
Sie wußtens selber nicht, –
sie flossen nur wie zwei Seelen
zusammen durch ewiges Licht.

Das ewige Licht durchdrang sie,
da wurden sie eins in ihm;
die Ewigkeit verschlang sie,
als wie zwei Seraphim.

Christian Morgenstern

Stammbuch-Vers

Wem Zeit ist Ewigkeit,
Und Ewigkeit wie die Zeit,
Der ist befreit
Von allem Streit.

Jakob Böhme

13

Februar

Was nun weder war noch sein wird, sondern nur ist, wem also das Sein in völliger Ruhe ohne bevorstehenden oder dagewesenen Übergang in das Zukünftige zukommt, das ist die Ewigkeit. Sie ist demnach das Leben des Seienden im Sein, in seiner völligen, ununterbrochenen, schlechthin unveränderlichen Totalität.

Plotin

14
Februar

Was wir »ewig« nennen, ist nicht eine unbegrenzte (unendliche) Zeitdauer (die nur gedankliche Konstruktion ist), sondern das Erlebnis der Zeitlosigkeit.

Lama Anagarika Govinda

15

Februar

Der Himmel ist rein und klar ohne alle Flecken; den Himmel berührt weder Zeit noch Raum. Alle körperlichen Dinge haben darin keine Stätte. Er steht auch nicht innerhalb der Zeit, sein Umlauf ist unglaublich schnell; sein Lauf ist zeitlos, von seinem Laufe aber kommt die Zeit. Nichts hindert die Seele so sehr an der Erkenntnis Gottes wie Zeit und Raum. Zeit und Raum sind Stücke, Gott aber ist Eines. Soll daher die Seele Gott erkennen, so muß sie ihn erkennen oberhalb von Zeit und Raum; denn Gott ist weder dies noch das, wie diese irdischen mannigfaltigen Dinge es sind: denn Gott ist Eines.

Meister Eckehart

16
Februar

Die Zeit ist die Larve der Ewigkeit.

Jean Paul

Am Anfang war nur das große, unbewegte und unendliche Weltmeer, ohne Leben, aber voller Stille. Noch gab es kein Oben und kein Unten, weder Osten noch Westen, weder Norden noch Süden. Noch waren Helligkeit und Dunkelheit nicht getrennt und Licht und Dunkel nicht hervorgekommen.
In den Anfang aber trat Ptah. [...]
Ptah (aber) hatte zunächst die ganze Welt in seinem Herzen erdacht, vor allem die Götter in ihrer Gesamtheit, und so die Neunheit vollendet. Alles was er erdachte, was er ersonnen hatte, sprach seine Zunge als Befehl aus. Und sofort geschah es. [...]
Er hatte den Himmel aber geschaffen und erhoben als Herrscher und Lenker. Die Erde aber gründete er durch eigenen Rat und umgab sie mit der Flut des Meeres. Die Unterwelt aber schuf er, um die Toten zu befrieden.
Er bestimmte den Weg des Sonnengottes durch die Horizonte für immer, denn er beherrschte die Ewigkeit und die Unendlichkeit. Er bestimmte aber auch jedem Menschen die Lebenszeit und den Lebensweg, denn ihm unterstanden auch die Zeiten und die Dinge in den Zeiten...

Götterlehre von Memphis

Der Seherin Gesicht

Urzeit war es, da Ymir hauste:
nicht war Sand noch See noch Salzwogen,
nicht Erde unten noch oben Himmel,
Gähnung grundlos, doch Gras nirgend.

Bis Burs Söhne den Boden hoben,
sie, die Mittgart, den mächtgen, schufen:
von Süden schien Sonne aufs Saalgestein;
grüne Gräser im Grund wuchsen.

Von Süden die Sonne, des Monds Gesell,
rührte mit der Rechten den Rand des Himmels:
die Sonne kannte ihre Säle nicht;
die Sterne kannten ihre Stätte nicht;
der Mond kannte seine Macht noch nicht.

Zum Richtstuhl gingen die Rater alle,
heilge Götter, und hielten Rat:
für Nacht und Neumond wählten sie Namen,
benannten Morgen und Mittag auch,
Zwielicht und Abend, die Zeit zu messen.

Die Edda

Die Zeit

Es fährt die Zeit, ein Roß mit sieben Zügeln,
Mit tausend Augen, ewig, reich an Samen.
Dies Roß besteigen gottesvolle Sänger,
Die Räder, die es zieht, sind alle Welten.

Mit sieben Rädern, sieben Naben fährt sie,
Und die Unsterblichkeit ist ihre Achse.
Die Zeit führt herwärts diese Wesen alle
Und eilt dahin als allererste Gottheit.

Ein voller Krug wird von der Zeit getragen,
Wir sehen vielfach ihn und reich gestaltet.
Die Zeit, sie führt hinweg die Wesen alle;
Man nennt sie Schicksal in dem höchsten Himmel

Die Zeit, sie hat die Himmel dort erschaffen,
Die Zeit, sie hat die Erden hier geboren.
Alles was ist, und alles was da sein wird,
Entfaltet sich, von ihr nur angetrieben.

Den Erdgrund hat die Zeit aus sich entlassen,
In ihr, der Zeit, glüht dort das Sonnenfeuer.
In ihr, der Zeit, nur kann das Auge sehen,
Ja, alle Wesen sind der Zeit verhaftet.

Athavaveda

20

Februar

Als aber der Vater, der dies erschaffen hatte, sah, wie es sich bewegte und lebendig als ein Abbild der ewigen Götter geworden war, empfand er Befriedigung darüber, und in seiner Freude gedachte er, es seinem Urbild noch ähnlicher zu machen. Und wie nun dieses ein ewiges Wesen ist, so versuchte er, auch dieses All nach Möglichkeit ebenso vollendet zu machen. Die Natur des Lebendigen war nun freilich von ewiger Dauer, und er konnte dies unmöglich auf das Gewordene vollständig übertragen; doch beschloß er, ein bewegtes Abbild der Ewigkeit zu schaffen, und während er den Himmel einrichtete, schuf er gleichzeitig von der Ewigkeit, die in dem Einen verharrt, ein ewiges Bildwerk, das sich nach dem Gesetz der Zahlen bewegt, nämlich eben das, was wir die Zeit genannt haben. Denn Tage und Nächte, Monate und Jahre, die gab es nicht, bevor der Himmel entstanden war; aber nun setzte er gleichzeitig mit dessen Erschaffung auch ihre Entstehung ins Werk. [...] Die Zeit ist also zusammen mit dem Himmel entstanden, damit die beiden, die zugleich geworden sind, auch miteinander vergehen, wenn einst ihr Untergang erfolgen sollte, und damit sie ihm, nach dem Vorbild der ewigen Natur, so ähnlich wie möglich sei. Denn das Vorbild ist ein Seiendes, das die ganze Ewigkeit dauert; die Zeit dagegen ist von Anfang bis ans Ende die ganze Zeit hindurch ein Gewordenes und ein Seiendes und ein Seinwerdendes. Aus diesem Gedanken und Entschluß Gottes über das Werden der Zeit sind also, damit diese geschaffen werden konnte, Sonne und Mond und die fünf anderen Gestirne, die sogenannten Planeten, entstanden, damit sie die Zahlenverhältnisse der Zeit begrenzen und über sie wachen sollten.

Platon: Timaios

Ein Gebet des Mose, des Mannes Gottes.

Herr, Gott, du bist unsre Zuflucht für und für.
Ehe denn die Berge wurden und die Erde und die Welt geschaffen wurden, bist du, Gott, von Ewigkeit zu Ewigkeit.
Der du die Menschen lässest sterben und sprichst: »Kommt wieder, Menschenkinder!«
Denn tausend Jahre sind vor dir wie der Tag, der gestern vergangen ist, und wie eine Nachtwache.
Du lässest sie dahinfahren wie einen Strom; sie sind wie ein Schlaf, wie ein Gras, das am Morgen noch sproßt, das am Morgen blüht und sproßt und des Abends welkt und verdorrt. [...]
Unser Leben währet siebzig Jahre, und wenn's hoch kommt, so sind's achtzig Jahre, und was daran köstlich scheint, ist doch nur vergebliche Mühe; denn es fähret schnell dahin, als flögen wir davon.
Wer glaubt's aber, daß du so sehr zürnest, und wer fürchtet sich vor dir in deinem Grimm?
Lehre uns bedenken, daß wir sterben müssen, auf daß wir klug werden.

Die Bibel: aus Psalm 90

22
Februar

Am Anfang schuf Gott Himmel und Erde. Und die Erde war wüst und leer, und es war finster auf der Tiefe; und der Geist Gottes schwebte auf dem Wasser. Und Gott sprach: Es werde Licht! Und es ward Licht. Und Gott sah, daß das Licht gut war. Da schied Gott das Licht von der Finsternis und nannte das Licht Tag und die Finsternis Nacht. Da ward aus Abend und Morgen der erste Tag. […]
Und Gott sprach: Es werden Lichter an der Feste des Himmels, die da scheiden Tag und Nacht und geben Zeichen, Zeiten, Tage und Jahre und seien Lichter an der Feste des Himmels, daß sie scheinen auf Erden. Und es geschah so. Und Gott machte zwei große Lichter: ein großes Licht, das den Tag regiere, und ein kleines Licht, das die Nacht regiere, dazu auch die Sterne. Und Gott setzte sie an die Feste des Himmels, daß sie schienen auf die Erde und den Tag und die Nacht regierten und schieden Licht und Finsternis. Und Gott sah, daß es gut war. Da ward aus Abend und Morgen der vierte Tag.

Die Bibel: aus Genesis 1

23

Februar

»Fördernd ist zu haben, wohin man gehe.«
Das bedeutet, daß auf ein Ende immer ein neuer Anfang folgt. Sonne und Mond haben den Himmel und können deshalb dauernd leuchten. Die vier Jahreszeiten verändern und gestalten und können daher dauernd vollenden. Der Berufene bleibt dauernd in seiner Bahn, und die Welt gestaltet sich zur Vollendung um. Wenn man betrachtet, worin etwas seine Dauer hat, so kann man die Natur von Himmel und Erde und allen Wesen erkennen.

I Ging

24

Februar

Ist es Dir fremd, wenn ich mich freue
Mit der Freude dieses Rhythmus,
Wenn ich geworfen bin,
Verloren und gebrochen in dem Wirbel
Dieser fürchterlichen Heiterkeit.
Alle Dinge rasen dahin, halten nicht inne,
Schauen sich nicht um, und hemmen kann sie keine Macht.
Sie jagen weiter.
Mit dieser ruhelosen, reißenden Musik
In gleichem Tänzerschritte kommen Jahreszeiten an
Und gehen vorbei. Farben, Klänge, Wohlgerüche
Verströmen sich in endlosen Kaskaden,
Im Übermaße dieser Freude, die sich zerstreut,
Die sich verflüchtigt und die stirbt
In jedem Augenblick.

Rabindranath Tagore

25

Februar

Mond und Sonne

Hier steigt der Mond, der Pflanzen Fürst, hinauf
Am Abendberge zu den höchsten Spitzen,
Und dort beginnt die Sonne ihren Lauf,
Verkündigt durch des Morgenrotes Blitzen.
So lenkt der Auf- und Niedergang der beiden
Die Welt im Wechsel stets von Lust und Leiden.

Kalidasa

Der Mond

Als Gott den lieben Mond erschuf,
gab er ihm folgenden Beruf:

Beim Zu- sowohl wie beim Abnehmen
sich deutschen Lesern zu bequemen,

Ein A formierend und ein Z –
daß keiner groß zu denken hätt.

Befolgend dies ward der Trabant
ein völlig deutscher Gegenstand.

Christian Morgenstern

Die Sternseherin Lise

Ich sehe oft um Mitternacht,
Wenn ich mein Werk getan
Und niemand mehr im Hause wacht,
Die Stern am Himmel an.

Sie gehn da, hin und her zerstreut
Als Lämmer auf der Flur,
In Rudeln auch, und aufgereiht
Wie Perlen an der Schnur;

Und funkeln alle weit und breit
Und funkeln rein und schön;
Ich seh die große Herrlichkeit
Und kann mich satt nicht sehn …

Dann saget, unterm Himmelszelt,
Mein Herz mir in der Brust:
»Es gibt was Bessers in der Welt
Als all ihr Schmerz und Lust.«

Ich werf mich auf mein Lager hin
Und liege lange wach
Und suche es in meinem Sinn
Und sehne mich danach.

Matthias Claudius

Spruch für eine Sonnenuhr

Der Tag geht über mein Gesicht.
Die Nacht, sie tastet leis vorbei.
Und Tag und Nacht ein gleich Gewicht
Und Nacht und Tag ein Einerlei.

Es schreibt die dunkle Schrift der Tag
Und dunkler noch schreibt sie die Nacht.
Und keiner lebt, der deuten mag,
Was beider Schatten ihm gebracht.

Und ewig kreist die Schattenschrift.
Leblang stehst du im dunklen Spiel.
Bis einmal dich die Deutung trifft:
Die Zeit ist um. Du bist am Ziel.

Rudolf G. Binding

März

Bei Tagesanbruch

Einst saß Rabbi Mordechai zu Nacht mit seinen Schülern bis zum Morgengrauen. Als er das Tageslicht aufdämmern sah, sagte er: »Wir sind nicht in die Grenzen des Tags eingeschritten, sondern der Tag ist in unsre Grenzen eingeschritten, und wir brauchen vor ihm nicht zu weichen.«

Martin Buber: Chassidische Erzählung

Die Natur beginnt immer wieder das gleiche: Jahre, Tage, Stunden; ebenso sind die Räume und die Zahlen Schritt für Schritt jedes eine Folge des andern. So entsteht eine Art Unendlichkeit und Ewigkeit. Es ist nicht so, daß es hier etwas gibt, das unendlich und ewig wäre, aber diese endlichen Wesen vervielfältigen sich unendlich. Also ist, wie mir scheint, nur die Zahl, die sie vervielfältigt, unendlich.

Blaise Pascal: Gedanken

3

März

Wenn das Gestirn der Plejaden, der Atlastöchter, aufsteigt,
dann fang an mit dem Mähen, und pflüge, wenn sie versinken.
Diese halten sich dir durch vierzig Tage und Nächte
im verborgenen, dann im Laufe des kreisenden Jahres
treten sie wieder ans Licht, sobald das Eisen geschärft wird.

Hesiod: Werke und Tage

Ewige Wiederkehr

Und immer wieder sät man aus den Samen,
Und immer wieder gießt des Regens Gottheit,
Und immer wieder ackert man den Acker,
Und immer wieder häuft sich Korn im Speicher.

Und immer wieder werden Bettler bitten,
Und immer wieder werden Geber geben,
Und immer wieder neue Gabe geben,
Und immer wieder neue Himmel finden.

Theragatha

5

März

Zeit ist Rhythmus: der Insektenrhythmus einer warmen, feuchten Nacht, Gehirnwellen, Atmen, das Pochen in meiner Schläfe – dies sind unsere treuen Zeitmesser; und Vernunft korrigiert den fiebrigen Pulsschlag. Einer meiner Patienten konnte den Rhythmus von alle drei Tausendstelsekunde (0.003!) aufeinanderfolgenden Blitzen ausmachen. […] Vielleicht ist das einzige, was auf einen Zeitsinn hinweist, Rhythmus; nicht die wiederkehrenden Schläge des Rhythmus, sondern die Lücke zwischen zwei schwarzen Schlägen, die graue Lücke zwischen zwei schwarzen Schlägen: das zärtliche Intervall. Das regelmäßige Pochen an sich bringt bloß den elenden Gedanken vom Messen zurück, aber dazwischen, da lauert etwas wie die wahre »Zeit«. Wie kann ich sie aus ihrer weichen Höhlung herausziehen? Der Rhythmus sollte weder zu langsam noch zu schnell sein. Ein Schlag pro Minute geht schon weit über mein Gefühl für Abfolge hinaus, und fünf Oszillationen in der Sekunde machen ein hoffnungsloses Geschmier. Der gedehnte Rhythmus veranlaßt Zeit, sich zu verflüchtigen, der schnelle drängt sie hinaus. Gib mir, sagen wir, drei Sekunden, dann kann ich beides: den Rhythmus wahrnehmen und das Intervall sondieren.

Vladimir Nabokov: Ada oder das Verlangen

6

März

Die Zeit, die wir in der Natur beobachten, hat keine für sich getrennte Existenz. Sie ist nur eine Seinsart (a mode of being) konkreter Objekte. Wir selber erschaffen die mathematische Zeit. Sie ist eine gedankliche Konstruktion, eine Abstraktion, die zum Aufbau der Wissenschaft unerläßlich ist. Wir vergleichen sie bequemlichkeitshalber mit einer geraden Linie, in der jeder aufeinanderfolgende Moment durch einen Punkt dargestellt ist. Seit Galileis Tagen hat man diese Abstraktion für die konkreten Gegebenheiten gesetzt, die sich aus einer direkten Beobachtung der Dinge ergaben. Indem wir die Objekte auf ihre primären Qualitäten reduzierten, d. h. auf das, was gemessen werden kann und sich mathematischer Behandlung unterziehen läßt, beraubte Galilei sie ihrer sekundären Qualitäten und ihrer Dauer. Diese willkürliche Vereinfachung machte die Entwicklung der Physik möglich. Zu gleicher Zeit aber führte es zu einer unverantwortlich schematischen Weltauffassung.

Herbert V. Guenther

7

März

Die Menschen haben sogar begonnen, die Zeit zu messen, und zwar mit Zeitteilchen, die sie für gleich lang hielten. Die älteste Messung mag die sein von einem Aufgange der Sonne zum andern. Das nannten sie einen Tag. Aber bald mußten sie sehen, daß die Zeit des Sonnenaufganges wechselt. [...] Man machte mechanische Werkzeuge, welche regelmäßige Veränderungen darstellen; [...]. Man blieb für das Leben bei den Wandlungen der Himmelskörper. Ein Umlauf der Erde um die Sonne ist ein Jahr; aber die Erde läuft eine Anzahl Tage, Stunden, Minuten, Sekunden um die Sonne. Dies brachte wieder Verwirrung und machte Einschaltungen, Ausbesserungen nötig. Den Tag teilte man in 24 gleiche Teile: Stunden. Man rechnete auch nach Vollmonden. Diese gehen aber wieder nicht in dem Jahre auf, und man kam auf die künstlichen Monate. So machte man auch die künstliche Woche von sieben Tagen. Und so tappt man sich an der Zeit mühselig wie am Raume hin. Was ist nun die Zeit?

Adalbert Stifter: Der Silvesterabend

8

März

Wir sprechen im allgemeinen von der Zeit nicht nur, als ob sie etwas für sich Bestehendes wäre, das wir als selbstverständlich hinnehmen könnten, sondern als ob es nur eine Zeit gäbe. Wir sind uns selten dessen bewußt, daß der Begriff »Zeit« eine Unzahl verschiedener Bedeutungen enthält oder, genau, verschiedenartige Kategorien von Beziehungen. Wir müssen unterscheiden zwischen mathematischer Zeit, siderischer Zeit, Sonnenzeit, Ortszeit, physiologischer Zeit, psychologischer Zeit und so fort. Und die beiden letztgenannten sind in jedem Individuum so verschieden wie die Ortszeit, die von Ort zu Ort eine andere ist.

Lama Anagarika Govinda

Sag mir, wer einst die Uhren erfund,
Die Zeiteinteilung, Minute und Stund?
Das war ein frierend trauriger Mann.
Er saß in der Winternacht und sann
Und zählte der Mäuschen heimliches Quicken
Und des Holzwurms ebenmäßiges Picken.

Sag mir, wer einst das Küssen erfund?
Das war ein glühend glücklicher Mund;
Er küßte und dachte nichts dabei.
Es war im schönen Monat Mai,
Die Blumen sind aus der Erde gesprungen,
Die Sonne lachte, die Vögel sungen.

Heinrich Heine

10

März

Die Götter verwünschen den Mann, der als erster entdeckt hat, wie man Stunden unterteilt – verwünscht ihn auch, ihn, der an dieser Stelle eine Sonnenuhr aufgestellt hat, um meine Tage scheußlich zu zerschneiden und in kleine Stücke zu zerhacken!
Als ich ein Junge war, war mein Magen eine Sonnenuhr – eine zuverlässigere und wahrhaftigere und genauere als jede andere. Diese Sonnenuhr gab an, wann es an der Zeit war, zum Essen zu gehen, wann ich essen sollte.
Doch heutzutage darf ich, selbst wenn ich etwas habe, mich nicht darüber hermachen, bis die Sonne es mir erlaubt. Die Stadt ist so voll von diesen verwünschten Uhren.

Plautus

Einführung der Uhr in Parma

Eine entfernte Cousine schüttet Casanova ihr Herz über die Verwirrungen aus, die in Parma entstanden, als dort Mitte des 18. Jahrhunderts die französische Stundenzählung eingeführt wurde: »Wir sind unglaublich durcheinandergeraten. Seit drei Monaten gibt es in Parma niemanden mehr, der wüßte, wie spät es ist. Seit Gott die Welt erschaffen hat, ist die Sonne immer eine halbe Stunde nach der 23ten untergegangen, und um die 24te betete man immer das Angelus; jeder ehrbare Mensch wußte, daß man zu dieser Zeit die Kerze anzündet. Jetzt kennt man sich nicht mehr aus. Die Sonne ist verrückt geworden; jeden Tag geht sie zu einer anderen Zeit unter. Unsere Bauern wissen nicht mehr; wann sie zum Markt kommen sollen. Man nennt das eine Regelung, aber wissen Sie wozu? Weil jetzt jedermann weiß, daß man um 12 Uhr zu Mittag ißt. Schöne Regelung! Zur Zeit der Farnese aß man, wenn man Hunger hatte, und das war viel gescheiter.«

Karlheinz Geißler

12

März

Ob man eine Straße entlanggeht, sich mit einem Freund unterhält, ein Gebäude betritt oder unter den Sandsteinbögen eines alten Laubengangs umherstöbert, überall begegnet man einem Zeitmeßinstrument. Turmuhren, Armbanduhren, Kirchenglocken unterteilen Jahre in Monate, Monate in Tage, Tage in Stunden, Stunden in Sekunden, und ein Bruchteil der Zeit folgt fehlerlos dem anderen. Und unabhängig von jeder besonderen Uhr legt ein ungeheures zeitliches Gerüst, das sich über das gesamte Universum erstreckt, das Gesetz der Zeit gleichmäßig für alle fest. Eine Sekunde ist in dieser Welt eine Sekunde. Die Zeit schreitet mit höchster Regelmäßigkeit vorwärts, in jedem Winkel des Weltalls mit genau derselben Geschwindigkeit. Die Zeit ist ein unendlicher Maßstab. Die Zeit ist absolut. [...]
Eine Welt, in der die Zeit absolut ist, ist eine tröstliche Welt. Denn während die Bewegungen der Menschen unvorhersehbar sind, ist die Bewegung der Zeit vorhersehbar. Während man an den Menschen zweifeln kann, ist an der Zeit nicht zu zweifeln. Während die Menschen vor sich hinbrüten, springt die Zeit vorwärts, ohne zurückzublicken. In den Cafés, den Regierungsgebäuden und den Booten auf dem Genfer See schauen die Menschen auf ihre Armbanduhr und nehmen Zuflucht bei der Zeit. Jeder weiß, daß irgendwo der Moment festgehalten ist, in dem er geboren wurde, der Moment, in dem er seinen ersten Schritt tat, der Moment der ersten Leidenschaft, der Moment, in dem er den Eltern Lebewohl gesagt hat.

Alan Lightman: Und immer wieder die Zeit

Die Uhr

Zuweilen, wenn Rabbi Elimelech am Sabbat das Gebet der Heiligkeit sprach, nahm er seine Taschenuhr zur Hand und sah darauf. Denn in jener Stunde drohte ihm die Seele vor Seligkeit zu zerfließen. So sah er auf die Uhr, um sich in der Zeit und in der Welt zu erhalten.

Martin Buber: Chassidische Erzählung

14

März

Am nächsten Morgen kam der kleine Prinz zurück:
»Es wäre besser gewesen, du wärst zur selben Stunde wiedergekommen«, sagte der Fuchs.
»Wenn du zum Beispiel um vier Uhr nachmittags kommst, kann ich um drei Uhr anfangen, glücklich zu sein. Je mehr die Zeit vergeht, um so glücklicher werde ich mich fühlen. Um vier Uhr werde ich mich schon aufregen und beunruhigen; ich werde erfahren, wie teuer das Glück ist. Wenn du aber irgendwann kommst, kann ich nie wissen, wann mein Herz da sein soll … Es muß feste Bräuche geben.«
»Was heißt ›fester Brauch‹?« sagte der kleine Prinz.
»Auch etwas in Vergessenheit Geratenes«, sagte der Fuchs. »Es ist das, was einen Tag vom andern unterscheidet, eine Stunde von den andern Stunden.«

Antoine de Saint-Exupéry: Der Kleine Prinz

15
März

Memento

Zwischen heut und morgen
Liegt eine lange Frist;
Lerne schnell besorgen,
Da du noch munter bist.

Johann Wolfgang von Goethe

Gebraucht der Zeit, sie geht so schnell von hinnen,
Doch Ordnung lehrt Euch Zeit gewinnen.

Johann Wolfgang von Goethe: Faust I

Es gibt nichts Kostbareres als die Zeit, und es gibt nichts, was der Mensch geringer schätzt als die Zeit.

Spruchweisheit

18

März

Halte die Zeit! Überwache sie, jede Stunde, jede Minute. Unbeaufsichtigt, entschlüpft sie, dem Eidechslein gleich, glatt und treulos, ein Nixenweib. Heilige den Augenblick. Gib ihm Helligkeit, Bedeutung, Gewicht durch Bewußtsein, durch redlich-würdigste Erfüllung!

Thomas Mann: Lotte in Weimar

19

März

Müßiggang ist der Seele Feind.
Deshalb sollen die Brüder
zu bestimmten Zeiten mit Handarbeit,
zu bestimmten Stunden mit heiliger Lesung beschäftigt sein.
Und so meinen wir, durch folgende Verfügung
die Zeit für beides ordnen zu können:
Von Ostern bis zum 1. Oktober
verrichten sie morgens nach der Prim
bis ungefähr zur vierten Stunde
die notwendigen Arbeiten.
Von der vierten Stunde aber bis zur Sext
sollen sie frei sein für die Lesung.
Nach der Sext und der Mahlzeit
sollen sie unter völligem Schweigen auf ihren Betten ruhen.
Will aber einer für sich lesen,
dann lese er so, daß er keinen anderen stört.
Die Non werde früher gehalten,
zur Mitte der achten Stunde;
dann gehen sie bis zur Vesper wieder an ihre Arbeit.

Aus der Benediktinerregel

20
März

Ich machte mir ein kleines Buch, worin ich jeder der Tugenden eine Seite anwies, linierte jede Seite mit roter Tinte, so daß sie sieben Felder hatte, für jeden Tag der Woche eines [...], um durch ein schwarzes Kreuzchen jeden Fehler anzumerken, den ich mir, nach genauer Prüfung meinerseits, an jenem Tag habe zuschulden kommen lassen. [...] Da die Vorschrift der Ordnung verlangte, daß jeder Teil meines Geschäftes seine zugewiesene Zeit habe, so enthielt eine Seite in meinem Büchlein einen Stundenplan für die Verwendung der 24 Stunden des natürlichen Tages.

Benjamin Franklin

21

März

Mach dich auf,
meine Freundin,
meine Schöne,
und geh vor dich hin!
Denn da, vorbei ist der Winter,
der Regen schwand, er verging,
die Blüten lassen im Lande sich sehn,
angelangt ist die Zeit des Liedes,
der Stimmhall der Turtel läßt in unserm Lande sich hören,
die Feige färbt ihre Knoten,
die Reben, knospend, geben Duft, –
mach dich auf zum Gehn,
meine Freundin, meine Schöne,
und geh vor dich hin!

Die Bibel: Aus dem Hohelied

Frühlingsglaube

Die linden Lüfte sind erwacht,
Sie säuseln und weben Tag und Nacht,
Sie schaffen an allen Enden.
O frischer Duft, o neuer Klang!
Nun, armes Herze, sei nicht bang!
Nun muß sich alles, alles wenden.

Die Welt wird schöner mit jedem Tag,
Man weiß nicht, was noch werden mag,
Das Blühen will nicht enden.
Es blüht das fernste, tiefste Tal:
Nun, armes Herz, vergiß der Qual!
Nun muß sich alles, alles wenden.

Ludwig Uhland

Er ist's

Frühling läßt sein blaues Band
Wieder flattern durch die Lüfte;
Süße, wohlbekannte Düfte
Streifen ahnungsvoll das Land.
Veilchen träumen schon,
Wollen balde kommen.
– Horch, von fern ein leiser Harfenton!
Frühling, ja du bist's!
Dich hab ich vernommen.

Eduard Mörike

24

März

Die schönste Zeit im Jahr, im Leben, im Jahr? Lassen Sie mich nachfühlen.
Frühling? Dieser lange, etwas bleichsüchtige Lümmel, – mit einem Papierblütenkranz auf dem Kopf, da stakt er über die begrünten Hügel, einen gelben Stecken hat er in der Hand, präraffaelitisch und wie aus der Fürsorge entlaufen; alles ist hellblau und laut, die Spatzen fiepen und sielen sich in blauen Lachen, die Knospen knospen mit einem kleinen Knall, grüne Blättchen stecken fürwitzig ihre Köpfchen … ä, pfui Deibel! … die Erde sieht aus wie unrasiert, der Regen regnet jeglichen Tag und tut sich noch was darauf zugute: ich bin so nötig für das Wachstum, regnet er. Der Frühling –?

Kurt Tucholsky: Die fünfte Jahreszeit

Die Zeit gut anwenden, heißt, darauf zu achten, daß wir sie nicht für nichtige Dinge vergeuden. [...] Denke daran, wie unwiederbringlich die Zeit ist, wenn sie vergangen. Ergreife sie, oder sie ist für immer verloren. Alle Menschen auf dieser Erde mit all ihrer Kraft und Klugheit können nicht eine Minute zurückrufen, die vergangen ist.

Richard Baxter

Der Prolog der Rechtsgelehrten

Den Gaul umwendend, hielt er plötzlich an
Und sprach: Ihr Herrn, ich warn Euch, Mann für Mann,
Vergangen ist des Tages vierter Teil!
Bei Sankt Johann und Gottes Gnadenheil,
So viel Ihr könnt, nehmt wohl der Zeit in acht!
Sie wird, Ihr Herrn, verschwendet Tag und Nacht;
Wir lassen sie, ob wir im Schlafe liegen,
Ob sorglos wachen, ungenützt verfliegen,
Und wie der Strom, der von den Bergen nieder
Zur Ebne läuft, so kehrt sie niemals wieder.
Denn Seneca und andre Weise sagen,
Daß schwerer Zeit- als Geldverlust zu tragen;
Verloren Gut sei wieder zu erringen,
Die Zeit verlieren müsse Schande bringen.
So spricht er. Nun, fürwahr, zurückgeschafft
Wird Zeit so wenig wie die Jungfernschaft,
War Lisbeth lüstern ihrer überdrüssig;
Und darum laßt uns faul nicht sein und müßig!

Geoffrey Chaucer: Die Canterbury-Erzählungen

27

März

Mach es so, mein Lucilius, mach dich frei für dich. Und sammle und wahre die Zeit, die dir bis jetzt noch fortgeschleppt oder gestohlen wurde oder dir entglitt. Überzeuge dich, es ist so, wie ich schreibe: manche Zeit wird uns entrissen, manche unvermerkt entzogen, manche fließt fort. Doch am schimpflichsten ist der Verlust, der aus Unachtsamkeit geschieht. Und, wenn man darauf achten wollte: der größte Teil des Lebens entgleitet beim Schlecht-Tun, ein großer beim Nichts-Tun, das ganze Leben beim Anderes-Tun. Wen könntest du mir nennen, der der Zeit irgendeinen Preis zuschreibt, der den Tag taxiert, der einsieht, daß er täglich stirbt? Darin täuschen wir uns nämlich, daß wir den Tod vor uns sehen: zu einem großen Teil ist er schon vorbeigegangen. Alles was von der Lebenszeit hinter uns ist, hat der Tod in Besitz. Mach es also, mein Lucilius, wie du schreibst, umfasse alle Stunden. So wird es geschehen, daß du weniger vom Morgen abhängst, wenn du auf das Heute die Hand legst. Das Leben rennt vorbei, indem man es aufschiebt.

Seneca: Buch der moralischen Briefe

28
März

Was heute nicht geschieht, ist morgen nicht getan.

Redensart

Über die Zeit

Ein Pfeil geht zwar geschwind, die Luft saust schnell vorbei,
die Wolken laufen sehr, der Blitz fährt in die Eichen:
sprich, ob was Schnellers noch als seine Strahlen sei!
Blitz, Pfeil, Luft, Wolken sind der Zeit nicht zu vergleichen.
Sie streicht geschwind dahin, kein Auge kann es sehn.
Meer, Wind und Wetter sind von Menschen aufzuhalten,
die Zeit von keinem nicht. Sie läßt auch Kaiser stehn,
nicht über einen Blick vermag ein Fürst zu walten.
Wer kaufte nicht die Zeit für Millionen ein?
Doch geht sie, weil sie mehr als gülden ist zu schätzen.
Wer sich der Zeit bedient, kann reich in Armut sein.
Beizeiten kann die Zeit in Glück und Ehren setzen.
Drum, edle Menschen, braucht anitzt der edlen Zeit,
gar lange wird der Sand nicht in dem Glase bleiben;
und sucht die Weisheit mehr als die Ergötzlichkeit,
vertreibt die Zeit doch nicht, sie wird sich selbst vertreiben!

Christian Friedrich Hunold

Die Zeit ist wie der Wind: richtig genutzt, bringt sie uns an jedes Ziel.

Lothar J. Seiwert

Was verkürzt mir die Zeit?
Tätigkeit!
Was macht sie unerträglich lang?
Müßiggang!
Was bringt in Schulden?
Harren und Dulden!
Was macht Gewinnen?
Nicht lange besinnen!
Was bringt zu ehren?
Sich wehren!

Johann Wolfgang von Goethe

April

1

April

Ein Gleichnis über das moderne Leben

Die Tiere hielten eine Versammlung ab und begannen sich darüber zu beklagen, daß die Menschen ihnen immer wieder Dinge wegnahmen.
»Sie nehmen meine Milch«, sagte die Kuh.
»Sie nehmen meine Eier«, sagte die Henne.
»Sie nehmen mein Fleisch und machen Speck daraus«, sagte das Schwein.
»Sie machen Jagd auf mich wegen meines Öls«, sagte der Wal.
Und so ging es fort.
Schließlich sprach die Schnecke. »Ich habe etwas, was sie gerne hätten, und zwar mehr als alles andere. Etwas, was sie mir gerne wegnähmen, wenn sie könnten. Ich habe ZEIT.«

Anthony de Mello

Indianische Perspektiven

Ich habe mir mal überlegt, was passieren würde, wenn Uhren in Synkopen ticken würden. Stell dir vor, deine Uhr hätte einen Rockrhythmus und meine einen Bluesrhythmus. Was für Verabredungen würden wir dann einhalten? Welchen Zeitplänen würden wir folgen?

Wawashkesh (Wilfried Pelletier)

Die verlorene Zeit

Vor dem Tor zur Fabrik
Hält der Arbeiter plötzlich an
Das schöne Wetter hat ihn am Rock gezupft
Und als er sich umwendet
Und die Sonne betrachtet
Die rot leuchtet und blendet
Lächelnd im bleigrauen Himmel
Zwinkert er ihr vertraulich zu
Sag Kamerad Sonne
Meinst nicht auch du
Man sollte sich verdammt bedenken
Einen solchen Tag
Dem Chef zu schenken?

Jacques Prévert

Nimm dir Zeit, um zu arbeiten,
es ist der Preis des Erfolges.
Nimm dir Zeit, um nachzudenken,
es ist die Quelle der Kraft.
Nimm dir Zeit, um zu spielen,
es ist das Geheimnis der Jugend.
Nimm dir Zeit, um zu lesen,
es ist die Grundlage des Wissens.
Nimm dir Zeit, um freundlich zu sein,
es ist das Tor zum Glücklichsein.
Nimm dir Zeit, um zu träumen,
es ist der Weg zu den Sternen.
Nimm dir Zeit, um zu lieben,
es ist die wahre Lebensfreude.
Nimm dir Zeit, um froh zu sein,
es ist die Musik der Seele.

Irischer Segen

Der Uhrmacher war gerade dabei, das Pendel einer Uhr zu befestigen, als diese zu seinem Erstaunen zu sprechen begann.
»Bitte, Sir, lassen Sie mich in Ruhe«, bat das Pendel, »Sie täten mir einen großen Gefallen. Bedenken Sie, wie oft ich Tag und Nacht werde ticken müssen. So oft in jeder Minute, sechzig Minuten in der Stunde, vierundzwanzig Stunden am Tag, dreihundertfünfundsechzig Tage im Jahr. Und das Jahr um Jahr … millionenmal ticken. Das schaffe ich nicht.«
Aber der Uhrmacher erwiderte weise: »Denke nicht an die Zukunft. Ticke einfach ein um das andere Mal, und Du wirst jedes Tick-Tack für den Rest Deines Lebens genießen.«
Und genau das beschloß das Pendel zu tun. Und so tickt es fröhlich weiter und weiter.

Anthony de Mello

6

April

Mach es wie die Sonnenuhr:
Zähl die heitren Stunden nur.

Albumvers

Meine alte Schiffsuhr

In meinem Zimmer hängt eine runde,
Alte, achteckige Segelschiffsuhr.
Sie schlägt weder Glasen noch Stunde.
Sie schlägt, wie sie will, und auch nur

Wann sie will. Die Uhrmacher gaben
Sie alle ratlos mir zurück;
Sie wollten mit solchem Teufelsstück
Gar nichts zu tun haben.

Und gehe sie, wie sie wolle,
Ich freue mich, weil sie noch lebt.
Nur schade, daß nie eine tolle
Dünung sie senkt oder hebt

Oder schüttert. Nein, sie hängt sicher
Geborgen. Doch in ihr kreist
Ein ruhelos wunderlicher
Freibeuter-Klabautergeist.

Nachts, wenn ich still vor ihr hocke,
Dann höre ich mehr als Ticktack.
Dann klingt was wie Nebelglocke
Und ferner Hundswachenschnack.

Und manche Zeit versäume
Ich vor der spukenden, unkenden Uhr,
Indem ich davon träume,
Wie ich mit ihr nach Westindien fuhr.

Joachim Ringelnatz

Die Korfsche Uhr

Korf erfindet eine Uhr,
die mit zwei Paar Zeigern kreist
und damit nach vorn nicht nur,
sondern auch nach rückwärts weist.

Zeigt sie zwei, – somit auch zehn:
zeigt sie drei, – somit auch neun;
und man braucht nur hinzusehn,
um die Zeit nicht mehr zu scheun.

Denn auf dieser Uhr von Korfen
mit dem janushaften Lauf
(dazu ward sie so entworfen):
hebt die Zeit sich selber auf.

Christian Morgenstern

Indianische Perspektiven

Manchmal habe ich bis zu einer Stunde dagesessen, um eine Sekunde einzufangen. Ich wollte bloß mal wirklich wissen, wie sie sich anfühlt. Es ist mir niemals gelungen. Dann habe ich mir gesagt: »Na, die sind einfach zu schnell, die Sekunden. Ich versuche es mal mit Minuten.« Dann saß ich da und betrachtete den Minutenzeiger, während ich mit dem anderen Auge den Sekundenzeiger im Auge behielt, bis er eine ganze Umdrehung gegangen war. Dann sagte ich mir: »Jetzt … das ist eine Minute!« Ich habe mich zurückgelehnt und versucht, voll auszukosten, wie eine Minute ist. Es hat nichts genützt, ich habe nichts gefühlt. Es hätten genausogut eine halbe Minute oder fünf sein können.
Die Wahrheit ist, daß sogar die beste Uhr keinen Fetzen Zeit enthält. Zeit ist nicht in Zeitabschnitten. Zeit ist nicht in Stunden, Minuten und Sekunden. Zeit ist der ununterbrochene Zusammenhang der Erfahrung.

Wawashkesh (Wilfried Pelletier)

Ein afrikanischer Streitgesang

Mein Gatte,
hör mal zu:
Nach weiser Atscholi-Art
teilt man die Zeit nicht
wie ein Irrer in Minuten und Sekunden.
Die Zeit fließt nicht etwa
wie Bier aus einem Topf,
an dem man saugt, bis alles leer ist.
Die Zeit ist kein Laib von Hirsemehl,
auf den sich die jungen Leute,
hungrig von der Jagd,
stürzen.
Sie wird nicht aufgegessen
wie das Gemüse in der Schale.

Okot P'Bitek

11

April

Eine seichte und oberflächliche, ja eine grundfalsche Naturwissenschaft ist diejenige, welche die ganze Natur mit allen Wundern der Herrlichkeit, die ihr der Schöpfer verliehen hat, wirklich nur als ein totes Uhrwerk betrachtet, wo dann der Schöpfer selbst auch in diesem System bloß als ein großer mechanischer Künstler erscheint, dem allerdings unendliche Kräfte zu Gebote stehen; wo Er aber, wenn das alles tot wäre, und aus lauter Totem zusammengesetzt, doch nur wie ein allmächtiger Uhrmacher hingestellt würde, wenn man einen so widersinnigen Ausdruck sich erlauben darf, um das Verkehrte einer so widersinnigen Ansicht recht treffend zu bezeichnen. Sollten wir aber einmal nach unserer Beschränktheit so geringe und fast kindische vom Menschen hergenommene Gleichnisse auf den Schöpfer der Natur anwenden: so wollen wir ihn noch lieber einem allwissenden Gärtner vergleichen, der aber die Bäume und Blumen, die Er pflanzt, selbst erschaffen hat [...], als daß wir Ihn einem solchen toten Maschinenkünstler gleichstellen.

Friedrich Schlegel

Ist Zeit Geld?

Wenn die Uhr herrscht, wird die Zeit zum wertvollen Gut. Uhrzeitkulturen betrachten die Zeit als feste, lineare und meßbare Realität. Sie nehmen sich Benjamin Franklins Rat zu Herzen: »Denkt daran, daß Zeit Geld ist.« Doch in Ereigniskulturen, in denen die Zeit als beträchtlich flexibler und ungewisser wahrgenommen wird, sind Zeit und Geld zwei ganz verschiedene Dinge. [...]
Burundi liefert auch hierfür ein Beispiel. »Zentralafrikaner«, sagt Salvatore Niyonzima, »ignorieren ganz allgemein die Tatsache, daß Zeit immer Geld ist. Wenn ich will, daß die Zeit auf mich wartet, tut sie das. Und wenn ich irgend etwas – aus welchem Grund auch immer – heute nicht tun will, kann ich einfach beschließen, es morgen zu tun, und dann wird es genausogut sein wie heute. Wenn ich ein bißchen Zeit verliere, habe ich nichts allzu Wichtiges verloren, denn schließlich habe ich ja so viel davon.«

Robert Levine: Eine Landkarte der Zeit

April

Die Welt riecht süß
nach Gestern.
Düfte sind dauerhaft.

Du öffnest das Fenster.
Alle Frühlinge
kommen herein mit diesem.

Frühling, der mehr ist
als grüne Blätter.
Ein Kuß birgt alle Küsse.

Immer dieser glänzend glatte
Himmel über der Stadt,
in den die Straßen fließen.

Du weißt, der Winter
und der Schmerz
sind nichts, was umbringt.

Die Luft riecht heute süß
nach Gestern –
das süß nach Heute roch.

Hilde Domin

Schneeglöckchen

Schneeglöcklein, wovon redet ihr? Sie reden noch vom Winter; dabei aber doch auch schon vom Frühling; sie reden vom Vergangenen, doch dabei schon keck und fröhlich vom Neuen. Sie reden vom Kalten und dabei doch schon vom Wärmern; sie reden von Schnee und zugleich von Grün, von keimendem Wachstum. Sie reden von diesem und jenem; sie sagen: Noch liegt am Schatten und auf Höhen ziemlich viel Schnee, aber an der Sonne ist er bereits geschmolzen. Noch kann allerlei Rauhes daherfahren. Dem April ist nicht recht zu trauen. Aber das Erwünschte wird trotzdem siegen. Wärme wird sich überall geltend machen.

Schneeglöckchen lispeln allerlei. Sie erinnern an Schneewittchen, das in den Bergen, bei den Zwergen, freundliche Aufnahme fand. Sie erinnern an Rosen, darum, weil sie anders sind. Alles erinnert stets an sein Gegenteil.

Nur hübsch ausharren. Das Gute kommt schon. Gutes ist uns immer näher, als wir glauben. Geduld bringt Rosen. Dieser alte, gute Spruch fiel mir ein, als ich letzthin Schneeglöckchen sah.

Robert Walser

Karsamstagslegende
Den Verwaisten gewidmet

Seine Dornenkrone
Nahmen sie ab
Legten ihn ohne
Die Würde ins Grab.

Als sie gehetzt und müde
Andern Abends wieder zum Grabe kamen
Siehe, da blühte
Aus dem Hügel jenes Dornes Samen.

Und in den Blüten, abendgrau verhüllt
Sang wunderleise
Eine Drossel süß und mild
Eine helle Weise.

Da fühlten sie kaum
Mehr den Tod am Ort
Sahen über Zeit und Raum
Lächelten im hellen Traum
Gingen träumend fort.

Bertolt Brecht

tage um ostern

einer
sagt man
ist den weg
durch die
mauer
gegangen

schneeglöckchen und seidelbast
und von ferne
ein wind
der
den frost unterläuft
knospen
aus winterholz
und
ein herz
das unvernünftig
laut pocht
es könnte etwas sein
an
ostern

Dietmar Scholz

Treibt die Eiche vor der Esche,
ist der Sommer eine Wäsche.
Treibt die Esche vor der Eiche,
ist der Sommer eine Bleiche.

Spruch

Quaken die Frösche im April,
Noch Schnee und Regen kommen will.

Spruch

Liedchen

Die Zeit vergeht.
Das Gras verwelkt.
Die Milch entsteht.
Die Kuhmagd melkt.

Die Milch verdirbt.
Die Wahrheit schweigt.
Die Kuhmagd stirbt.
Ein Geiger geigt.

Joachim Ringelnatz

Die Zeit fährt Auto

Die Städte wachsen. Und die Kurse steigen.
Wenn jemand Geld hat, hat er auch Kredit.
Die Konten reden. Die Bilanzen schweigen.
Die Menschen sperren aus. Die Menschen streiken.
Der Globus dreht sich. Und wir drehn uns mit.

Die Zeit fährt Auto. Doch kein Mensch kann lenken.
Das Leben fliegt wie ein Gehöft vorbei.
Minister sprechen oft vom Steuersenken.
Wer weiß, ob sie im Ernste daran denken?
Der Globus dreht sich und geht nicht entzwei.

Die Käufer kaufen. Und die Händler werben.
Das Geld kursiert, als sei das seine Pflicht.
Fabriken wachsen. Und Fabriken sterben.
Was gestern war, geht heute schon in Scherben.
Der Globus dreht sich. Doch man sieht es nicht.

Erich Kästner

21

April

Die Zeit ist das Maß einer Bewegung, die sich von einem Vorher zu einem Nachher vollzieht.

Aristoteles

Unterwegs

Kaum hat das Auge was entdeckt,
Schon ist es tief im Imperfekt:
»Das war doch …?« – Ein Begeistrungsschrei! –
»Nichts mehr zu machen. Schon vorbei.«
»Blick hin, der Mondsee!« »Sieht man den?«
»Ja, eben hättst Du ihn gesehn!«
Oh Fahrer schau gerade aus!!
»Sieh da, ein altes Bauernhaus!«
Wohl ist es wert, daß mans bewundert:
Noch gotisch, gegen fünfzehnhundert.
Fahr zu und wend nicht das Genick:
Zum letzten wird der erste Blick!

Eugen Roth

23

April

Der Eilige

Der Berditschewer sah einen auf der Straße eilen, ohne rechts und links zu schauen. »Warum rennst du so?« fragte er ihn. »Ich gehe meinem Erwerb nach«, antwortete der Mann. »Und woher weißt du«, fuhr der Rabbi fort zu fragen, »dein Erwerb laufe vor dir her, daß du ihm nachjagen mußt? Vielleicht ist er dir im Rücken, und du brauchst nur innezuhalten, um ihm zu begegnen, du aber fliehst vor ihm.«

Martin Buber: Chassidische Erzählung

Wer sich ohne Frühstück auf den Weg macht, hat schon halb verloren«, sagte das Wiesel.

Hans Bemmann: Stein und Flöte

25
April

Wer eilt, erreicht als erster das Grab.

Spanisches Sprichwort

Eile mit Weile

Ein Fußgänger auf der Baseler Straße drehte sich um und sah einen wohlbeladenen Wagen schnell hinter sich hereilen. Der muß Eile haben, dachte er. »Kann ich vor Torschluß noch in die Stadt kommen?« fragte ihn der Fuhrmann. »Schwerlich«, sagte der Fußgänger, »doch wenn Ihr recht langsam fahrt, vielleicht. Ich will auch noch hinein.« »Wie weit ist's noch?« »Noch zwei Stunden.« Ei, dachte der Fuhrmann, das ist einfältig geantwortet. Was gilt's, es ist ein Spaßvogel. Wenn ich mit Langsamkeit in zwei Stunden hineinkomme, so zwing' ich's mit Geschwindigkeit in anderthalb und hab's desto besser. Also trieb er die Pferde an, daß die Steine davonflogen und die Pferde die Eisen verloren. Aber bald brach die hintere Achse, und der Fuhrmann mußte schon im nächsten Dorfe über Nacht bleiben. An Basel war nicht mehr zu denken. Als aber der Fußgänger nach einer Stunde durch das Dorf ging und ihn vor der Schmiede erblickte, hob er den Zeigefinger in die Höhe. »Hab' ich Euch nicht gewarnt?« sagte er. »Hab' ich nicht gesagt: wenn Ihr langsam fahrt?«

nach Johann Peter Hebel

27

April

Zeit ist endlos, Herr, in Deinen Händen.
Keinen gibt's, der Deine Stunden zählt.
Tage, Nächte fliehen vorbei,
Und die Jahrtausende erblüh'n und welken hin
Gleich Blumen. Doch Du kannst warten.
Deine Jahrhunderte geh'n hin, eins nach dem andern –
Und eine kleine Wiesenblume ist das Werk,
Das sie vollendet haben.
Wir aber dürfen keine Zeit verlieren,
Wir haben keine Zeit,
Und deshalb müssen wir uns um unsern Vorteil raufen.
Wir sind zu arm, als daß wir uns verspäten dürften.
Und daher kommt es, daß meine Zeit vorübergeht;
Ich geb' sie jedem zänkerischen Mann,
Der sie erheischt:
Indessen ist zuletzt Dein Altar
Leer von allen Opfergaben.
Doch wenn der Tag zu Ende ist,
Dann haste ich vor Furcht,
Es könnte Dein Tempeltor geschlossen sein –
Und finde, es ist noch immer Zeit.

Rabindranath Tagore

Nicht schelt' ich dich, du schöne Stunde,
weil du so schnell entwichen bist!
Du brachtest mir die süße Kunde,
daß noch mein Herz kein totes ist.
Wie sollt' ich mit dem Becher hadern,
weil er von meinem Mund sich trennt:
er goß durch alle meine Adern
den Wein, aus dem die Sonne brennt.

Friedrich Hebbel

Warten

Kannst du nicht warten, bis das
Grab über dir einstürzt,
was klopfst du, was schreist du?
Kannst du nicht warten, bis dir
der Ball hart gegen die Brust stößt,
was klopfst du, was schreist du?
Kannst du nicht warten, bis dir
das Kind mit dem schmutzigen Finger
erstaunt übers Kinn streicht,
was klopfst du, was schreist du?
Kannst du nicht warten aufs feuchte
Frühjahr, auf Kinder, auf Spiele, die dich zufällig
befreien, was klopfst du, was schreist du?
Kannst du nicht warten?

Kuno Raeber

Das internationale Wartespiel

Auch wenn die Menschen die Regeln in ihrem eigenen Land beherrschen, ist es sehr schwierig, dieses komplizierte Spiel in einer fremden Kultur zu spielen. Die Regeln sind oft so verschieden wie die Länder selbst. [...]
Auch die Reaktionen auf das Warten sind von Kultur zu Kultur verschieden. [...]
Weil die Warteregeln normalerweise nicht offengelegt werden, verstehen Außenstehende die Botschaft oft falsch. Das führt unweigerlich zu Konflikten. König Hassan von Marokko zum Beispiel ist ein notorischer Zuspätkommer, dessen Unpünktlichkeit schließlich sogar den außenpolitischen Beziehungen seines Landes Schaden zufügte. Als die englische Königin ihm 1981 einen Besuch abstattete, ließ der König eine Viertelstunde auf sich warten. Die Königin fand das gar nicht lustig.
Bei einer anderen Gelegenheit war Hassan eines der wenige einflußreichen Mitglieder eines Königshauses, die bei der Hochzeit von Charles und Diana fehlten. Wegen seiner herausragenden Stellung mußte man ihn natürlich einladen. Aber die Einladung war umrahmt von Hinweisen auf den großen Wert, den die Angelsachsen auf Pünktlichkeit legen, und drückte die Hoffnung aus, daß Seine Majestät es einrichten könne, pünktlich zur Feier zu erscheinen. Der König antwortete zur gegebenen Zeit, daß gewisse dringende Angelegenheiten ihn leider davon abhielten, selbst zu kommen, und schickte den Kronprinzen an seiner Stelle.

Robert Levine: Eine Landkarte der Zeit

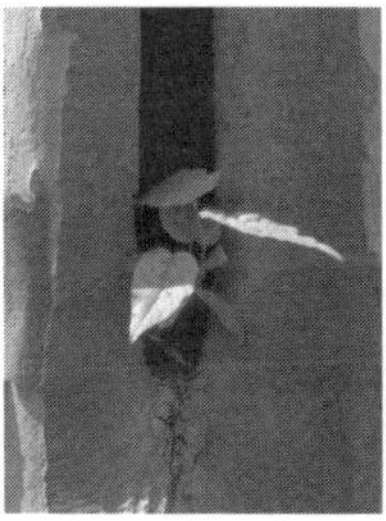

Mai

Die Zeit, die ist nicht schnell

Man sagt, die Zeit ist schnell; wer hat sie sehen fliegen?
Sie bleibt ja unverruckt im Weltbegriffe liegen.

Angelus Silesius

Geduld ist das Schwerste und das Einzige,
was zu lernen sich lohnt.
Alle Natur, alles Wachstum, aller Friede,
alles Gedeihen und Schöne in der Welt
beruht auf Geduld,
braucht Zeit, braucht Stille,
braucht Vertrauen.

Verfasser unbekannt

3

Mai

Wir können heute mit Überschallgeschwindigkeit Ozeane überfliegen und Kontinente verbinden – eine nützliche Leistung, aber die meisten von uns ähneln dabei Libellen, die leichtflügelig über das Wasser schwirren, ohne je irgendwo wirklich zu landen. Haben wir uns vielleicht schon so an die Geschwindigkeit gewöhnt, daß es uns Angst macht, das Tempo zu verlangsamen? Haben wir schon Angst, die Dinge aus der Nähe anzuschauen, sie unverzerrt von Geschwindigkeit und Distanz zu betrachten?
Wir sollten unsere Geschwindigkeit und unsere Flughöhe besser auf unsere nächsten Aufgaben abstimmen. Von einem galoppierenden Pferd aus ist die Betrachtung von Blumen nicht gerade ideal, aber ein galoppierendes Pferd ist ideal zum Polospielen.

Chungliang al Huang

Die Zeit

Es gibt ein sehr probates Mittel,
die Zeit zu halten am Schlawittel:
Man nimmt die Taschenuhr zur Hand
und folgt dem Zeiger unverwandt.

Sie geht so langsam dann, so brav
als wie ein wohlgezogen Schaf,
setzt Fuß vor Fuß so voll Manier
als wie ein Fräulein von Saint-Cyr.

Jedoch verträumst du dich ein Weilchen,
so rückt das züchtigliche Veilchen
mit Beinen wie der Vogel Strauß
und heimlich wie ein Puma aus.

Und wieder siehst du auf sie nieder;
ha, Elende! – Doch was ist das?
Unschuldig lächelnd macht sie wieder
die zierlichsten Sekunden-Pas.

Christian Morgenstern

5

Mai

Der Wind dauert nicht länger als einen Vormittag.

Altchinesische Spruchweisheit

HAUPTMANN: Langsam, Woyzeck, langsam; eins nach dem andern! Er macht mir ganz schwindlig. Was soll ich dann mit den zehn Minuten anfangen, die Er heut zu früh fertig wird? Woyzeck, bedenk Er: Er hat noch seine schönen dreißig Jahr zu leben, dreißig Jahr! Macht dreihundertsechzig Monate! Und Tage! Stunden! Minuten! Was will er denn mit der ungeheuren Zeit all anfangen? Teil Er sich ein, Woyzeck!
WOYZECK: Jawohl, Herr Hauptmann.
HAUPTMANN: Es wird mir ganz angst um die Welt, wenn ich an die Ewigkeit denke. Beschäftigung, Woyzeck, Beschäftigung! Ewig das ist ewig, das ist ewig, das siehst du ein; nun ist es aber wieder nicht ewig und das ist ein Augenblick, ja, ein Augenblick – Woyzeck, es schaudert mich, wenn ich denke, daß sich die Welt in einem Tag herumdreht, was 'ne Zeitverschwendung, wo soll das hinaus? Woyzeck, ich kann kein Mühlrad mehr sehn, oder ich werd' melancholisch.

Georg Büchner: Woyzeck

Das kleine Tor in der Steinkapelle knarrte, Don Camillo drehte sich um und erblickte den kleinen Pizzi.
»Ich danke Ihnen im Namen meines Vaters«, sagte er mit ernster und harter Stimme eines fertigen Mannes. Dann ging er wieder, schweigend wie ein Schatten.
»Da hast du«, sagte Christus, »da hast du jemanden, Don Camillo, der dich nicht haßt.«
»Sein Herz ist aber voll Haß auf den Mörder seines Vaters, und es ist eine verdammte Kette, die niemand sprengen kann. Nicht einmal Du, der Du Dich für diese verfluchten, tollwütigen Hunde hast kreuzigen lassen.«
»Die Welt ist noch nicht zu Ende«, sagte Christus abgeklärt. »Die Welt ist kaum über den Anfang hinaus, und im Himmel wird die Zeit mit Milliarden von Jahrhunderten gemessen. Man braucht nicht den Glauben zu verlieren, Don Camillo. Es ist noch genug Zeit, es ist noch genug Zeit.«

Giovannino Guareschi: Don Camillo und Peppone

»Guten Tag«, sagte der kleine Prinz.
»Guten Tag«, sagte der Händler.
Er handelte mit höchst wirksamen, durststillenden Pillen. Man schluckt jede Woche eine und spürt überhaupt kein Bedürfnis mehr zu trinken.
»Warum verkaufst du das?« sagte der kleine Prinz.
»Das ist eine große Zeitersparnis«, sagte der Händler. »Die Sachverständigen haben Berechnungen angestellt. Man erspart dreiundfünfzig Minuten in der Woche.«
»Und was macht man mit diesen dreiundfünfzig Minuten?«
»Man macht damit, was man will …«
»Wenn ich dreiundfünfzig Minuten übrig hätte«, sagte der kleine Prinz, »würde ich ganz gemächlich zu einem Brunnen laufen …«

Antoine de Saint-Exupéry: Der Kleine Prinz

Der Langsamste, der sein Ziel nicht aus den Augen verliert, geht immer noch geschwinder als der, der ohne Ziel herumirrt.

Gotthold Ephraim Lessing

Allmählich

Langsam sinken Tropfen nieder,
Langsam füllt sich so der Krug.
Dies Gesetz gilt immer wieder,
Ob man nun zusammentrug
Wissen oder gute Werke
Oder Gold- und Silberberge.

Indischer Spruch

Voll Blüten

Voll Blüten steht der Pfirsichbaum,
Nicht jede wird zur Frucht,
Sie schimmern hell wie Rosenschaum
Durch Blau und Wolkenflucht.

Wie Blüten gehn Gedanken auf,
Hundert an jedem Tag
Laß blühen! Laß dem Ding den Lauf!
Frag nicht nach dem Ertrag!

Es muß auch Spiel und Unschuld sein
Und Blütenüberfluß,
Sonst wär die Welt uns viel zu klein
Und Leben kein Genuß.

Hermann Hesse

12
Mai

Im Garten voll Weiden und Blumen,
Beim Turm mit der schönen Musik.
Erfreuen sich zwei Gäste am Wein,
Die goldenen Schalen hebend
Im bleichen Mondlicht.
Plötzlich fliegt eine Nachtigall
Aus dem Gezweig,
Schüttelt Tau von den Blättern.

Genro

An einem Frühlingstag betrunken erwachen

Das Leben geht so wie ein großer Traum dahin,
Und sich darin zu mühn, weiß wer den Sinn?
Von morgens bis zur Nacht hab ich getrunken.
Faul bin ich an der Schwelle hingesunken.
Da blinzelnd ich erwach, dringt aus dem Garten vor
Ein Vogelruf vernehmlich an mein Ohr.
Ich frag verschlafen, welche Zeit es sei,
Und flatternd ruft die Amsel mir zur Antwort: Mai!
O wie mich das bewegt und mir die Brust beengt!
Den Reiswein habe ich mir wieder eingeschenkt,
Den hellen Mond erwartend laut gesungen,
Den Seufzer schon vergessen, als das Lied verklungen.

Li Bo

Sonntagvormittag

Unerwartet
ist es still geworden.
Die Motorräder schlafen
unter Wirtshausbäumen,
und die Fahrräder träumen
bei Coca-Cola
von der nächsten Kurve,
die sie schneiden werden.
Löwenzahnsamen
treibt ihnen ins Glas.
Der Sonntag ist mittags
hell wie die Iris,
die keine Wimper beschattet.
Niemand mag aufbrechen.
Man sitzt weiter beisammen
auf blauen Gartenstühlen.
Ganz langsam zerfällt dann nachmittags
die Landschaft zu Staub,
den die Schnelligkeit zurückließ.

Karl Krolow

Mit klappernden Zähnen am Morgen Sophie

Nachts besucht mich keine
als die Kalte Sophie.
Sie greift mir frech an die Beine
und stößt mir Frost in die Knie.

Sie ist ganz die meine.
Mit eisiger Koketterie
schmiegt sie sich an mich, die Kleine,
so lüstern kannt ich sie nie.

Daß ich vor Ohnmacht weine,
darum hasse ich sie,
sie, die einzige eine
Nacht der Kalten Sophie.

Günter Eich

16

Mai

Kleine Stadt am Sonntagmorgen

Das Wetter ist recht gut geraten.
Der Kirchturm träumt vom lieben Gott.
Die Stadt riecht ganz und gar nach Braten
und auch ein bißchen nach Kompott.

Am Sonntag darf man lange schlafen.
Die Gassen sind so gut wie leer.
Zwei alte Tanten, die sich trafen,
bestreiten rüstig den Verkehr.

Sie führen wieder mal die alten
Gespräche, denn das hält gesund.
Die Fenster gähnen sanft und halten
sich die Gardinen vor den Mund.

Der neue Herr Provisor lauert
auf sein gestärktes Oberhemd.
Er flucht, weil es so lange dauert.
Man merkt daran: Er ist hier fremd.

Er will den Gottesdienst besuchen,
denn das erheischt die Tradition.
Die Stadt ist klein. Man soll nicht fluchen,
Pauline bringt das Hemd ja schon!

Die Stunden machen kleine Schritte
und heben ihre Füße kaum.
Die Langeweile macht Visite.
Die Tanten flüstern über Dritte.
Und drüben, auf des Marktes Mitte,
schnarcht leise der Kastanienbaum.

Erich Kästner

17
Mai

Behütet ist man im Leben nur dann, wenn man sowohl langsam als auch schnell sein kann. Die Schnelligkeit braucht Langsamkeit, wenn sie sinnvoll und erfolgreich sein soll – und ebenso braucht produktive Langsamkeit auch die Möglichkeit zur Schnelligkeit. Die eine zeitliche Lebensform muß in der anderen in fruchtbarem Sinne aufgehoben sein. Das anzustrebende Ideal ist – mit einem Wort von Karl Rahner – die »versöhnte Verschiedenheit« unterschiedlicher Zeitformen. Nur so können auch wir versöhnt leben. Wir brauchen Beschleunigung und Stillstand, wir brauchen Kurzfristigkeit und Langfristigkeit, wir brauchen Mobilität und Seßhaftigkeit.

Karlheinz Geißler

»Ich finde doch, daß man der Direktion für die Konzerte dankbar sein muß«, sagte Joachim besonnen. »Sie betrachten die Sache ja von einem höheren Standpunkt, Herr Settembrini, sozusagen als Schriftsteller, und da will ich Ihnen nicht widersprechen. Aber ich finde doch, daß man hier dankbar sein muß für ein bißchen Musik. Ich bin gar nicht besonders musikalisch, und dann sind die Stücke, die gespielt werden, ja auch nicht weiter großartig, – weder klassisch noch modern, sondern nur einfach Blechmusik. Aber es ist doch eine erfreuliche Abwechslung. Es füllt ein paar Stunden so anständig aus, ich meine: es teilt sie ein und füllt sie im einzelnen aus, so daß doch etwas daran ist, während man sich hier sonst die Stunden und Tage und Wochen so schauderhaft um die Ohren schlägt … Sehen Sie, so eine anspruchslose Konzertnummer dauert vielleicht sieben Minuten, nicht wahr, und die sind etwas für sich, sie haben Anfang und Ende, sie heben sich ab und sind gewissermaßen bewahrt davor, so unversehens im allgemeinen Schlendrian unterzugehen. Außerdem sind sie ja wieder noch vielfach eingeteilt, durch die Figuren des Stückes, und die wieder in Takte, so daß immer was los ist und jeder Augenblick einen gewissen Sinn bekommt, an den man sich halten kann, während sonst … Ich weiß nicht, ob ich mich richtig …«

Thomas Mann: Der Zauberberg

LEONCE: Komm, Leonce, halte mir einen Monolog, ich will zuhören. Mein Leben gähnt mich an wie ein großer weißer Bogen Papier, den ich vollschreiben soll, aber ich bringe keinen Buchstaben heraus. Mein Kopf ist ein leerer Tanzsaal, einige verwelkte Rosen und zerknitterte Bänder auf dem Boden, geborstene Violinen in der Ecke, die letzten Tänzer haben die Masken abgenommen und sehen mit todmüden Augen einander an. Ich stülpe mich jeden Tag vierundzwanzigmal herum wie einen Handschuh. Oh, ich kenne mich, ich weiß, was ich in einer Viertelstunde, was ich in acht Tagen, was ich in einem Jahre denken und träumen werde. Gott, was habe ich denn verbrochen, daß du mich wie einen Schulbuben meine Lektion so oft hersagen läßt? –

Georg Büchner: Leonce und Lena

20

Mai

Langeweile. Nichts ist dem Menschen unerträglicher als völlige Untätigkeit, als ohne Leidenschaften, ohne Geschäfte, ohne Zerstreuungen, ohne Aufgabe zu sein. Dann spürt er seine Nichtigkeit, seine Verlassenheit, sein Ungenügen, seine Abhängigkeit, seine Unmacht, seine Leere. Allsogleich wird dem Grunde seiner Seele die Langeweile entsteigen und die Düsternis, die Trauer, der Kummer, der Verdruß, die Verzweiflung.

Blaise Pascal: Gedanken

Wochenkalender

Montag erst. – Entsetzlich! Freudelos
Neu beginnen, wo die Woche schloß.

Dienstag erst. – Entsetzlich! Ohne Sinn
Spinnen fort des Lebens grau Gespinn.

Mittwoch erst. – Entsetzlich! Ohne Ziel
Neu durchspielen das durchspielte Spiel.

Donnerstag. – Entsetzlich! Ohne Gnad
Neu durchmessen den durchmeßnen Pfad.

Freitag schon. – Entsetzlich! Wirrer Tand
Neu durchwaten den durchwatnen Sand.

Samstag schon. – Entsetzlich! Ohne Gruß
Ewig wandern um des Hügels Fuß.

Sonntag heut. – Entsetzlich! Wieder neu
Segeln an dem Leuchtturm hier vorbei.

Christian Wagner

22
Mai

Der Begriff von Zeit ist mir jetzt fürchterlich. Wenn ich einen Tag vor mir habe, ohne zu wissen, was ich mit ihm anfangen soll, – oh, und dann den Blick über die leere Wüste von langweiligen Wochen hinaus! Und wieder eine Stunde nach der anderen von der Zeit zu betteln, sich vor dem Gedanken des Todes zu entsetzen! Wie elend ist der Mensch, daß er sterben muß, und wie höchst unglückselig müßte er sein, wenn er ewig lebte! Wie toll und unsinnig ist unser Leben.

Ludwig Tieck: William Lovell

23

Mai

CAMILLE: Rasch, Danton, wir haben keine Zeit zu verlieren!
DANTON (*er kleidet sich an*): Aber die Zeit verliert uns. – Das ist sehr langweilig, immer das Hemd zuerst und dann die Hose darüberzuziehen und des Abends ins Bett und Morgens wieder herauszukriechen und einen Fuß immer so vor den andern zu setzen, da ist gar kein Absehens, wie es anders werden soll. Das ist sehr traurig und daß Millionen es schon so gemacht haben und daß Millionen es wieder so machen werden und daß wir noch obendrein aus zwei Hälften bestehen, die beide das Nämliche tun, so daß Alles doppelt geschieht. Das ist sehr traurig.

Georg Büchner: Dantons Tod

LEONCE (*allein, streckt sich auf der Bank aus*): Die Bienen sitzen so träg an den Blumen, und der Sonnenschein liegt so faul auf dem Boden. Es grassiert ein entsetzlicher Müßiggang – Müßiggang ist aller Laster Anfang. – Was die Leute nicht alles aus Langeweile treiben! Sie studieren aus Langeweile, sie beten aus Langeweile, sie verlieben, verheiraten und vermehren sich aus Langeweile und sterben endlich aus Langeweile, und – und das ist der Humor davon – alles mit den wichtigsten Gesichtern, ohne zu merken, warum, und meinen Gott weiß was dazu. Alle diese Helden, diese Genies, diese Dummköpfe, diese Heiligen, diese Sünder, diese Familienväter sind im Grunde nichts als raffinierte Müßiggänger. –

Georg Büchner: Leonce und Lena

25
Mai

Wenn man mit einem netten Mädchen zwei Stunden zusammen ist, hat man das Gefühl, es seien zwei Minuten; wenn man zwei Minuten auf einem heißen Ofen sitzt, hat man das Gefühl, es seien zwei Stunden. Das ist Relativität.

Albert Einstein

26

Mai

Die Zeit, die wir jeden Tag zur Verfügung haben, ist elastisch; die Leidenschaften, die wir fühlen, dehnen sie aus, die, die wir erregen, ziehen sie zusammen; und Gewohnheit füllt den Rest aus.

Marcel Proust

Das nächste Dorf

Mein Großvater pflegte zu sagen: »Das Leben ist erstaunlich kurz. Jetzt in der Erinnerung drängt es sich mir so zusammen, daß ich zum Beispiel kaum begreife, wie ein junger Mensch sich entschließen kann, ins nächste Dorf zu reiten, ohne zu fürchten, daß – von unglücklichen Zufällen ganz abgesehen – schon die Zeit des gewöhnlichen, glücklich ablaufenden Lebens für einen solchen Ritt bei weitem nicht hinreicht.«

Franz Kafka

ROSALINDE: Die Zeit reiset in verschiednem Schritt mit verschiednen Personen. Ich will Euch sagen, mit wem die Zeit den Paß geht, mit wem sie trabt, mit wem sie galoppiert und mit wem sie stillsteht.
ORLANDO: Ich bitte dich, mit wem trabt sie?
ROSALINDE: Ei, sie trabt hart mit einem jungen Mädchen zwischen der Verlobung und dem Hochzeitstage. Wenn auch nur acht Tage dazwischen hingehn, so ist der Trab der Zeit so hart, daß es ihr wie acht Jahre vorkommt.
ORLANDO: Mit wem geht die Zeit den Paß?
ROSALINDE: Mit einem Priester, dem es an Latein gebricht, und einem reichen Manne, der das Podagra nicht hat. Denn der eine schläft ruhig, weil er nicht studieren kann, und der andre lebt lustig, weil er keinen Schmerz fühlt; den einen drückt nicht die Last dürrer und auszehrender Gelehrsamkeit, der andere kennt die Last schweren, mühseligen Mangels nicht. Mit diesen geht die Zeit den Paß.
ORLANDO: Mit wem galoppiert sie?
ROSALINDE: Mit dem Diebe zum Galgen; denn ginge er auch noch so sehr Schritt vor Schritt, so denkt er doch, daß er zu früh kommt.
ORLANDO: Mit wem steht sie still?
ROSALINDE: Mit Advokaten in den Gerichtsferien; denn sie schlafen von Session zu Session, und werden also nicht gewahr, wie die Zeit fortgeht.

William Shakespeare: Wie es euch gefällt

»Komisch ist und bleibt es, wie die Zeit einem lang wird zu Anfang, an einem fremden Ort. Das heißt… Selbstverständlich kann keine Rede davon sein, daß ich mich langweile, im Gegenteil, ich kann wohl sagen, ich amüsiere mich königlich. Aber wenn ich mich umsehe, retrospektiv also, versteh' mich recht, kommt es mir vor, als ob ich schon wer weiß wie lange hier oben wäre, und bis dahin zurück, wo ich ankam und nicht gleich verstand, daß ich da war, und du noch sagtest: ›Steige nur aus!‹ – erinnerst du dich? – das scheint mir eine ganze Ewigkeit. Mit Messen und überhaupt mit dem Verstand hat das ja absolut nichts zu tun, es ist eine reine Gefühlssache. Natürlich wäre es albern, zu sagen: ›Ich glaube schon zwei Monate hier zu sein‹, – das wäre ja Nonsens. Sondern ich kann eben nur sagen: ›Sehr lange.‹«
»Ja«, antwortete Joachim, das Thermometer im Munde, »ich habe auch gut davon, ich kann mich gewissermaßen an dir festhalten, seit du da bist.« Und Hans Castorp lachte darüber, daß Joachim dies so einfach, ohne Erklärung, sagte.

Thomas Mann: Der Zauberberg

Palmströms Uhr

Palmströms Uhr ist andrer Art,
reagiert mimosisch zart.

Wer sie bittet, wird empfangen.
Oft schon ist sie so gegangen,

wie man herzlich sie gebeten,
ist zurück- und vorgetreten,

eine Stunde, zwei, drei Stunden,
je nachdem sie mitempfunden.

Selbst als Uhr, mit ihren Zeiten,
will sie nicht Prinzipien reiten:

zwar ein Werk, wie allerwärts,
doch zugleich ein Werk – mit Herz.

Christian Morgenstern

31

Mai

»Könntest du es dann nicht ganz einfach so einrichten«, fragte Momo, »daß die Zeit-Diebe den Menschen keine Zeit mehr stehlen können?«
»Nein, das kann ich nicht«, antwortete Meister Hora, »denn was die Menschen mit ihrer Zeit machen, darüber müssen sie selbst bestimmen. Sie müssen sie auch selbst verteidigen. Ich kann sie ihnen nur zuteilen.«
Momo blickte sich im Saal um, dann fragte sie: »Hast du dazu die vielen Uhren? Für jeden Menschen eine, ja?«
»Nein, Momo«, erwiderte Meister Hora, »diese Uhren sind nur eine Liebhaberei von mir. Sie sind nur höchst unvollkommene Nachbildungen von etwas, das jeder Mensch in seiner Brust hat. Denn so wie ihr Augen habt, um das Licht zu sehen, und Ohren, um Klänge zu hören, so habt ihr ein Herz, um damit die Zeit wahrzunehmen. Und alle Zeit, die nicht mit dem Herzen wahrgenommen wird, ist so verloren wie die Farben des Regenbogens für einen Blinden oder das Lied eines Vogels für einen Tauben. Aber es gibt leider blinde und taube Herzen, die nichts wahrnehmen, obwohl sie schlagen.«

Michael Ende: Momo

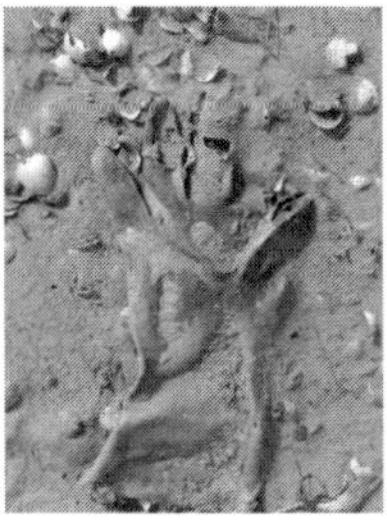

Juni

1

Juni

Wer die Zeit drängt, den verdrängt die Zeit.

Sprichwort

2
Juni

»Ich habe keine Zeit« – dieser millionenfache Ausspruch des heutigen Menschen ist symptomatisch. Die »Zeit« ist, wenn auch vorerst noch in negativer Form, seine größte Präokkupation.
Der es sagt, glaubt, er spräche von der Uhrenzeit. Wie würde er erschrecken, realisierte er, daß er in dem gleichen Augenblicke auch sagt: »Ich habe keine Seele« und »Ich habe kein Leben«!

Jean Gebser: Ursprung und Gegenwart

Sag, wie wär' es, alter Schragen,
wenn du mal die Brille putztest,
um ein wenig nachzuschlagen,
wie du deine Zeit benutztest.
Oft wohl hätten dich so gerne
weiche Arme warm gebettet;
doch du standest kühl von ferne,
unbewegt, wie angekettet.
Oft wohl kam's, daß du die schöne
Zeit vergrimmtest und vergrolltes,
nur weil diese oder jene
nicht gewollt, so wie du wolltest.
Demnach hast du dich vergebens
meistenteils herumgetrieben;
denn die Summe unseres Lebens
sind die Stunden, wo wir lieben.

Wilhelm Busch

Ein Tageslauf

Sitz' ich sinnend, Haupt in Hand gestützt:
Schöner Tag, hab' ich dich recht genützt?

Einen Kuß auf meines Weibes Mund,
Liebesgruß in früher Morgenstund.

Sorg' ums Brot in treuer Tätigkeit,
offnes Wort in scharfem Männerstreit.

Einen guten Becher froh geleert,
kräftig einem argen Wunsch gewehrt.

Leuchtend kommt aus ewigem Sternenraum
noch zuletzt ein seliger Dichtertraum.

Sinnend sitz' ich, Haupt in Hand gestützt:
Schöner Tag, ich hab' dich ausgenützt.

Gustav Falke

5

Juni

Die Zeit der Pflanzen
dann kam die Zeit der Tiere
dann kam die Zeit der Menschen
nun kommt die Zeit der Steine

Wer die Steine reden hört
weiß
es werden nur Steine bleiben

Wer die Menschen reden hört
weiß
es werden nur Steine bleiben

Erich Fried

Doch der Mann in einer heitren Regung
Fragte noch: »Hat er was rausgekriegt?«
Sprach der Knabe: »Daß das weiche Wasser in Bewegung
Mit der Zeit den mächtigen Stein besiegt.
Du verstehst, das Harte unterliegt.«

Bertolt Brecht aus: Legende von der Entstehung des Buches Taoteking

7

Juni

Es war einmal ein erschöpfter Holzfäller, der Geist und Kraft verschwendete, weil er mit einer stumpfen Axt einschlug. Denn wie er sagte, habe er keine Zeit, die Schneide zu schärfen.

Anthony de Mello

Eine Stunde

Rabbi Mosche Löb sprach: »Ein Mensch, dem nicht an jedem Tag eine Stunde gehört, ist kein Mensch.«

Martin Buber: Chassidische Erzählung

9

Juni

Der Mensch, der macht die Zeit

Du selber machst die Zeit: das Uhrwerk sind die Sinnen.
Hemmst du die Unruh nur, so ist die Zeit von hinnen.

Angelus Silesius

10
Juni

»Du hast noch viel Zeit«, sagte die sanfte Mutterstimme der Zirbelin. »Du mußt nur lernen zu warten. Dem Ungeduldigen läuft alles davon, aber alles kommt zu dem, der warten kann.«

Hans Bemmann: Stein und Flöte

Gegrämt hab' ich mich manchen leeren Tag,
Ich hätte soviel Zeit verloren.
Doch sie ist nie verloren, Herr!
Denn Du hast jeden Augenblick in meinem Leben
In Deine Hand genommen.
Verborgen in dem Herzen aller Dinge
Nährst Du das Samenkorn zum Sprießen,
Nährst Knospen zum Erblüh'n,
Läßt Blüten reifen in die Frucht.
Müde war ich, schlief auf müßigem Lager,
Dachte, alles Schaffen sei zu Ende.
Doch, erwacht am Morgen, fand ich
Meinen Garten voller Blumenwunder.

Rabindranath Tagore

LEONCE: Wir lassen alle Uhren zerschlagen, alle Kalender verbieten und zählen Stunden und Monden nur nach der Blumenuhr, nur nach Blüte und Frucht. Und dann umstellen wir das Ländchen mit Brennspiegeln, daß es keinen Winter mehr gibt und wir uns im Sommer bis Ischia und Capri hinaufdestillieren und das ganze Jahr zwischen Rosen und Veilchen, zwischen Orangen und Lorbeer stecken.
VALERIO: Und ich werde Staatsminister, und es wird ein Dekret erlassen, daß, wer sich Schwielen in die Hände schafft, unter Kuratel gestellt wird; daß, wer sich krank arbeitet, kriminalistisch strafbar ist; daß jeder, der sich rühmt, sein Brot im Schweiße seines Angesichts zu essen, für verrückt und der menschlichen Gesellschaft gefährlich erklärt wird; und dann legen wir uns in den Schatten und bitten Gott um Makkaroni, Melonen und Feigen, um musikalische Kehlen, klassische Leiber und eine commode Religion!

Georg Büchner: Leonce und Lena

13
Juni

Der New Yorker Psychoanalytiker Neil Altman schildert das Gefühl, das ihn überkam, als er mit der indischen Zeitvorstellung in Berührung kam: »Ich stieg auf dem Flughafen von Kalkutta aus dem Flugzeug und ging in ein kleines Gebäude, das sich als Terminal entpuppte und in dem sich niemand rührte. Einige Männer vom Bodenpersonal mit kleinen Besen in der Hand standen herum und schauten uns mit ihren großen schwarzen Augen zu, als wir das Flugzeug verließen und auf den Terminal zugingen. Deckenventilatoren surrten träge in der feuchten Luft. Ich hatte das Gefühl, aus der Zeit herausgetreten zu sein. Es war, als stünde die Zeit einfach still. Erstens schien sich von einem Augenblick zum nächsten nichts zu ändern, und zweitens entstand in mir ein Gefühl der Kontinuität mit anderen Zeiten, hervorgerufen durch das langsamere Tempo und das Fehlen von Maschinen. Es war ein Zeitgefühl, in dem man ins Nichts geht.« Es löste eine Menge Streß aus, denn der indische Umgang mit der Zeit vermittelte das Gefühl von Unsicherheit. Man verabredet sich zum Beispiel zu einer bestimmten Uhrzeit an einem bestimmten Ort. Der andere kommt jedoch nicht, weil er die Verabredung nicht ernst genommen hat. Nach seinem ersten Jahr in Südindien kapitulierte Altman nicht nur vor dem Zeitgefühl seines Gastlandes, sondern begann es sogar zu genießen.

nach Robert Levine: Eine Landkarte der Zeit

14
Juni

Erst im zweiten Jahr seines Indienaufenthalts lernte der New Yorker Psychoanalytiker Neil Altman, mit dem Zeitgefühl der einheimischen Dorfbewohner zu leben: »Da es keine Telefone gab, stand ich oft morgens auf und fuhr mit dem Rad sieben oder acht Kilometer, um einen bestimmten Bauern zu treffen. Wenn ich ankam, stellte ich häufig fest, daß er nicht da war. Manchmal wurde er auch ›bald‹ zurückerwartet, und das konnte gut und gerne bedeuten, daß er erst am nächsten Tag wiederkam. Im zweiten Jahr verspürte ich bei solchen Vorfällen keine Enttäuschung mehr, weil ich im Grunde schon gar nicht mehr damit rechnete, überhaupt irgend etwas zu erreichen. Es war geradezu eine erheiternde Vorstellung geworden, man könne tatsächlich das erledigen, was man hatte erledigen wollen. Statt dessen setzte ich mich einfach in das Teehaus des Ortes, lernte neue Menschen kennen oder betrachtete die Kinder, die Tiere und alles, was gerade vorbeikam. Dann geschah manchmal etwas anderes, was ich eigentlich nicht vorgehabt hatte. Manchmal auch nicht. Jegliche Arbeit, die tatsächlich erledigt werden wollte, kam von selbst auf mich zu. In meinem zweiten Jahr hatte ich die indische Zeit verinnerlicht.«

nach Robert Levine: Eine Landkarte der Zeit

15
Juni

Angenommen, die Zeit wäre nicht eine Quantität, sondern eine Qualität wie das nächtliche Leuchten über den Bäumen, wenn der aufgehende Mond gerade die Baumlinie erreicht hat. Die Zeit existiert, aber sie kann nicht gemessen werden. Gerade jetzt, an einem sonnigen Nachmittag, steht eine Frau mitten auf dem Bahnhofplatz und wartet auf einen bestimmten Mann. Vor einiger Zeit hat er sie im Zug nach Fribourg gesehen, war bezaubert und bat sie, ihr die Gärten auf der Großen Schanze zeigen zu dürfen. Aus seinem dringlichen Ton und seinem Blick entnahm die Frau, daß ihm viel daran lag. Also wartet sie auf ihn, ohne Ungeduld, und vertreibt sich die Zeit mit einem Buch. Einige Zeit später, vielleicht am folgenden Tag, kommt er, sie haken sich unter, gehen zu den Gärten, schlendern vorbei an den Beeten mit Tulpen, Rosen, Türkenbund und bärtigen Glockenblumen, sitzen unermeßlich lange auf einer weißen Bank aus Zedernholz. Der Abend kommt, erkennbar an einer Veränderung des Lichts, einer Rötung des Himmels. Der Mann und die Frau folgen einem gewundenen Pfad aus kleinen weißen Steinen zu einem Restaurant auf einem Hügel. Waren sie ein ganzes Leben lang zusammen – oder nur einen Augenblick? Wer kann das sagen?

Alan Lightman: Und immer wieder die Zeit

16

Juni

In einer Welt, in der die Zeit eine Qualität ist, prägt man sich die Ereignisse ein, indem man sich an die Farbe des Himmels erinnert, an den Tonfall der Rufe des Bootsmannes auf der Aare, an das Gefühl des Glücks oder der Furcht, das man empfindet, wenn eine Person ein Zimmer betritt. Die Geburt eines Kindes, die Erteilung eines Patents für eine Erfindung, die Begegnung zweier Menschen sind keine fixierten Punkte in der Zeit, die sich mit der Angabe von Stunde und Minute festhalten ließen. Alle Ereignisse gleiten vielmehr durch den Raum der Imagination, materialisieren sich durch einen Blick, ein Begehren. Die Zeit zwischen zwei Ereignissen kann entsprechend lang oder kurz sein, je nach den kontrastierenden Ereignissen, der Intensität der Beleuchtung, dem Verhältnis von Licht und Schatten, dem Blickpunkt der Beteiligten.
Manche versuchen, die Zeit zu quantifizieren, sie zu zergliedern und aufzuteilen. Sie werden in Stein verwandelt. Ihre Körper stehen erstarrt an den Straßenecken, kalt, hart und schwer. Schließlich werden diese Statuen dem Steinbruchbesitzer gebracht, der sie in gleichmäßige Teile zersägt und zum Hausbau verkauft, wenn er Geld braucht.

Alan Lightman: Und immer wieder die Zeit

Seezeit

ZEIT – Die Zeit ist lang, und man kann sich unmöglich langweilen. Es gibt die Erdzeit, die kosmische Zeit, und jetzt entdecke ich die Seezeit. Sie ist weder linear noch wellenförmig, sondern besitzt Volumen. Sich Zeit zu nehmen heißt, Maß zu nehmen, die Grenzen auszuloten. Nicht jene, die man vor sich hat, sondern solche, die sich seitlich befinden. Auf See ist die Gegenwart kein Nichts, eingezwängt zwischen Vergangenheit und Zukunft. Sie hat ihre eigene Dimension. Man muß in sie eintauchen, sich von ihr davontragen lassen und dabei um sich herum schauen. Panama wird bald auftauchen. Erwartet man dieses Ziel mit Ungeduld, erhält die Zeit einen geringeren Wert – als wollte man sich ihrer entledigen. Das Leben reduziert sich auf ein Ziel, das nach Erreichen zugunsten eines weiteren illusorischen Ziels verschwindet. Hier tut man nicht alles gleichzeitig, sondern eines nach dem anderen. Die Zeit schreitet nicht fort, und man lernt zu schauen, zu fühlen, zu hören. Die Dinge nehmen im Laufe der Tage an Gewicht zu. Die Zeit hat ihr eigenes Gewicht. Man spürt die Ruhe, den Abstand, die Kraft, Boden zu gewinnen. Man blickt weiter in die Ferne, ins Nichts. Diese echten Ferien für den Geist führen dazu, daß man sich für ein kompliziertes intellektuelles Bauwerk hält, eine willkürliche Ansammlung von einzelnen Elementen, ein Flickwerk, eine »neue Bildeinstellung«. Man braucht nichts zu tun. Die Luft ist zu belebend, um sich in diese großartige Reorganisation einzumischen.

Marc Hernu

Löwenzahn

Fliegen im Juni auf weißer Bahn
flimmernde Monde vom Löwenzahn,
liegst du versunken im Wiesenschaum,
löschend der Monde flockenden Flaum.

Wenn du sie hauchend im Winde drehst,
Kugel auf Kugel sich weiß zerbläst,
Lampen, die stäubend im Sommer stehn,
wo die Dochte noch wolliger wehn.

Leise segelt das Löwenzahnlicht
über dein weißes Wiesengesicht,
segelt wie eine Wimper blaß
in das zottige wogende Gras.

Monde um Monde wehten ins Jahr,
wehten wie Schnee auf Wange und Haar.
Zeitlose Stunde, die mich verließ,
da sich der Löwenzahn weiß zerblies.

Peter Huchel

19

Juni

Scheint Dir das Leben auch mal rauh,
sei still und zage nicht.
Die Zeit, die alte Bügelfrau,
macht alles wieder schlicht.

Wilhelm Busch

Blicke in die Welt, wie als ob die Zeit hinweg sei: und dir wird alles Krumme gerade werden.

Friedrich Nietzsche

21

Juni

Die Zeit heilt alle Wunden.

Sprichwort

Memento

Tu nur das Rechte in deinen Sachen;
Das andre wird sich von selber machen.

Johann Wolfgang von Goethe

23
Juni

Mittsommernächte

Wenn die Glühwürmchen einschweben in die Zeit, in die dunklen Mittsommernächte, aus dem Unterholz auf den Weg hinaus, hier eines, dort eines, wieder eines, wenn sie aus dem hohen Gras blinken wie winzige Laternchen überall in der Fichtenschonung, werden wir zu Mitwissern. Lautlos tauchen sie auf, steigen unruhig, als trüge sie ein wechselnder, sanfter Wind empor, tauchen steil wieder ein zu den anderen die im Gras geblieben sind, ganz an ihr kühles Strahlen gegeben. Und plötzlich sagt es uns auch der Ruf des Käuzchens, das Rascheln eines Tieres im Laub, die matte Helligkeit der Birkenstämme, die Finsternis aus dem Dickicht, der zögernde Schritt der Liebenden, das Aufrauschen in den Wipfeln: ein Fest ist im Gang. In den Glühwürmchen, in den zahllosen grünen Lichtchen wird das Geheimnis der Mittsommernächte sichtbar wie in den Sternen das Geheimnis des Raums.

Hellmut von Cube

Johannisfeuer

Auf den Bergen reiten Feuer,
Werfen sich wie Ungeheuer
In die Nachtluft, in den Raum.
Flammen stehen hell als Baum,
Rote Flügel sich entfachen,
Aus den Bergen fliegen Drachen,
Nichts hält mehr den Berg im Zaum.
Flammen sich wie Lieder wiegen –
Sonne hat die Nacht erstiegen.

Max Dauthendey

Nicht in alle Ewigkeit
Geht, was wir getan, zugrunde.
Alles reift zu seiner Zeit
Und wird Frucht zu seiner Stunde.

Divyavadana

Überlaß es der Zeit

Erscheint dir etwas unerhört,
bist du tiefsten Herzens empört,
bäume nicht auf, versuch's nicht mit Streit,
berühr es nicht, überlaß es der Zeit.
Am ersten Tag wirst du feige dich schelten,
am zweiten läßt du dein Schweigen schon gelten,
am dritten hast du's überwunden;
alles ist wichtig nur auf Stunden,
Ärger ist Zehrer und Lebensvergifter,
Zeit ist Balsam und Friedensstifter.

Theodor Fontane

27

Juni

Die Zeit ist reif, die Wünsche und Visionen, die in uns leben, nach außen zu bringen, sie zu kristallisieren. Es ist Zeit zu beginnen.

Richard Bach: Die Möwe Jonathan

28

Juni

ı jegliches hat seine Zeit, und alles Vorhaben unter dem Himmel
hat seine Stunde:
ɔoren werden hat seine Zeit, sterben hat seine Zeit;
anzen hat seine Zeit, ausreißen, was gepflanzt ist, hat seine Zeit;
en hat seine Zeit, heilen hat seine Zeit;
brechen hat seine Zeit, bauen hat seine Zeit;
inen hat seine Zeit, lachen hat seine Zeit;
gen hat seine Zeit, tanzen hat seine Zeit;
ine wegwerfen hat seine Zeit, Steine sammeln hat seine Zeit;
zen hat seine Zeit, aufhören zu herzen hat seine Zeit;
hen hat seine Zeit, verlieren hat seine Zeit;
ıalten hat seine Zeit, wegwerfen hat seine Zeit;
reißen hat seine Zeit, zunähen hat seine Zeit;
weigen hat seine Zeit, reden hat seine Zeit;
ɔen hat seine Zeit, hassen hat seine Zeit;
eit hat seine Zeit, Friede hat seine Zeit.
n mühe sich ab, wie man will, so hat man keinen Gewinn davon.
sah die Arbeit, die Gott den Menschen gegeben hat, daß sie
h damit plagen. Er hat alles schön gemacht zu seiner Zeit, auch
er die Ewigkeit in ihr Herz gelegt; nur daß der Mensch nicht
ründen kann das Werk, das Gott tut, weder Anfang noch Ende.
merkte ich, daß es nichts Besseres dabei gibt als fröhlich sein
d sich gütlich tun in seinem Leben. Denn ein Mensch, der da ißt
d trinkt und hat guten Mut bei all seinem Mühen, das ist eine
be Gottes.
merkte, daß alles, was Gott tut, das besteht für ewig; man kann
hts dazutun noch wegtun. Das alles tut Gott, daß man sich vor
n fürchten soll. Was geschieht, das ist schon längst gewesen,
d was sein wird, ist auch schon längst gewesen; und Gott holt
eder hervor, was vergangen ist.

Die Bibel: aus Kohelet 3

Die Zeit

Der große Mann geht seiner Zeit voraus,
der Kluge geht mit ihr auf allen Wegen,
der Schlaukopf beutet sie gehörig aus,
der Dummkopf stellt sich ihr entgegen.

Erich Kästner

30

Juni

»Alles hat seine Zeit«, dachte die Made, sich genüßlich im Hier und Jetzt durch den Apfel beißend. Als sich ihr Kopf von innen nach außen durch die Schale bohrte, erblickte sie das Licht der Welt. Ihre schwarzen Knopfaugen verfolgten sehnsüchtig zwei tanzende Schmetterlinge, deren Flügelschlag andernorts einen Wirbelsturm auslöste. Ein Traum versprach eine Zukunft.

»Gerade zur rechten Zeit!«, dachte das erschöpfte Rotkehlchen und pickte eilig die Made vom Apfel für seine rastlos bettelnde Brut. Bald würden die Jungen flügge sein und alle Sorgen würden davonfliegen.

»Kommt Zeit, kommt Rat«, dachte die Katze und beobachtete lauernd das Nest hoch oben im Baum.

Evelyne Okonnek

Juli

Zeit-Ansage

Heute
jetzt bald
später nun später
heute sofort gleich
jetzt dann heute
nun bald jetzt
sofort später nun
dann gleich sofort
bald heute dann
später jetzt bald
gleich nun später
sofort gleich
jetzt?

Brigitte Uhde-Stahl

höchste zeit

beim nächsten ton
des zeitzeichens
ist es
genau

jetzt

Hans-Curt Flemming

3
Juli

Denn was ist »Zeit«? Wer könnte das leicht und kurz erklären? Wer vermöchte es auch nur gedanklich zu begreifen, um sich dann im Wort darüber auszusprechen?
Gleichwohl, was ginge uns beim Reden vertrauter und geläufiger vom Munde als »Zeit«? Beim Aussprechen des Wortes verstehen wir auch, was es meint, und verstehen es gleich so, wenn wir es einen andern aussprechen hören.
Was ist also »Zeit«? Wenn mich niemand danach fragt, weiß ich es; will ich einem Fragenden es erklären, weiß ich es nicht. Aber zuversichtlich behaupte ich zu wissen, daß es vergangene Zeit nicht gäbe, wenn nichts verginge, und nicht künftige Zeit, wenn nichts herankäme, und nicht gegenwärtige Zeit, wenn nichts seiend wäre.

Augustinus: Bekenntnisse

4

Juli

Drei Brüder wohnen in einem Haus,
die sehen wahrhaftig verschieden aus,
doch willst du sie unterscheiden,
gleicht jeder den anderen beiden.
Der erste ist *nicht* da, er kommt erst nach Haus.
Der zweite ist *nicht* da, er ging schon hinaus.
Nur der dritte ist da, der Kleinste der drei,
denn ohne ihn gäb's nicht die anderen zwei.
Und doch gibt's den dritten, um den es sich handelt,
nur weil sich der erst' in den zweiten verwandelt.
Denn willst du ihn anschaun, so siehst du nur wieder
immer einen der anderen Brüder!
Nun sage mir: Sind die drei vielleicht einer?
Oder sind es nur zwei? Oder ist es gar – keiner?
Und kannst du, mein Kind, ihre Namen mir nennen,
so wirst du drei mächtige Herrscher erkennen.
Sie regieren gemeinsam ein großes Reich –
und sind es auch selbst! Darin sind sie gleich.

Michael Ende: Momo

5

Juli

Betrachte die Herde, die an dir vorüberweidet: sie weiß nicht, was Gestern, was Heute ist, springt umher, frißt, ruht, verdaut, springt wieder, und so vom Morgen bis zur Nacht und von Tage zu Tage, kurz angebunden mit ihrer Lust und Unlust, nämlich an den Pflock des Augenblicks, und deshalb weder schwermütig noch überdrüssig. Dies zu sehen geht dem Menschen hart ein, weil er seines Menschentums sich vor dem Tiere brüstet und doch nach seinem Glücke eifersüchtig hinblickt – denn das will er allein, gleich dem Tiere weder überdrüssig noch unter Schmerzen leben, und will es doch vergebens, weil er es nicht will wie das Tier. Der Mensch fragt wohl einmal das Tier: Warum redest du mir nicht von deinem Glücke und siehst mich nur an? Das Tier will auch antworten und sagen: Das kommt daher, daß ich immer gleich vergesse, was ich sagen wollte – da vergaß es aber auch schon diese Antwort und schwieg: so daß der Mensch sich darob verwunderte.

Friedrich Nietzsche: Unzeitgemäße Betrachtungen

Sieben Billionen Jahre vor meiner Geburt
war ich eine Schwertlilie.

Meine Wurzeln
saugten sich
in einen Stern.

Auf seinem dunklen Wasser
schwamm
meine blaue Riesenblüte.

Arno Holz: Phantasus

Erinnerungen

Erinnerungen –, Klänge, nachtverhangen,
und Farben, die ein Wind vom Meer bewegt,
sind eine Traumumarmung eingegangen
zu einem Bild, das etwas Letztes trägt:

Ein Uferschloß mit weißen Marmorsteigen
und plötzlich eines Liedes Übermacht –,
die Serenade spielen viele Geigen,
doch hier am Meer in dieser warmen Nacht –.

Es ist nicht viel, – viel trägt nicht mehr das Eine, –
nach einem Bogen greifen dann und wann –
ein Spiel im Nichts –, ein Bild, alleine,
und alle Farben tragen Bleu mourant.

Gottfried Benn

Um Mitternacht

Gelassen stieg die Nacht ans Land,
Lehnt träumend an der Berge Wand,
Ihr Auge sieht die goldne Waage nun
Der Zeit in gleichen Schalen stille ruhn;
Und kecker rauschen die Quellen hervor,
Sie singen der Mutter, der Nacht, ins Ohr
Vom Tage,
Vom heute gewesenen Tage.

Das uralt alte Schlummerlied,
Sie achtet's nicht, sie ist es müd;
Ihr klingt des Himmels Bläue süßer noch,
Der flücht'gen Stunden gleichgeschwungnes Joch.
Doch immer behalten die Quellen das Wort,
Es singen die Wasser im Schlafe noch fort
Vom Tage,
Vom heute gewesenen Tage.

Eduard Mörike

Crisanta hatte noch eine Erinnerung, von der sie nie jemand etwas erzählte. Diese Erinnerung war so sonderbar, daß es dafür keine Worte gab. Sie war einmal in ihrer frühesten Jugend an einem Ort gewesen, der keinem anderen auf Erden glich. Dort war's ihr so wohl zumute gewesen wie nie mehr später. Als sei sie allein für sich von einem eignen Himmel behütet. Wenn sie sich fragte, was es gewesen war, dann fiel ihr immer nur ein: Blau. Ein sanftes und starkes Blau, das es später nirgendwo gab. Die ganze Welt war vorbeigerauscht, doch nicht durch das Blau gedrungen.

Anna Seghers

Über ein Glück, das du flüchtig besessen,
tröstet Erinnern, tröstet Vergessen,
tröstet die alles heilende Zeit.
Aber die Träume, die nie errungnen,
nie vergeßnen und nie bezwungnen,
nimmer verläßt dich ihr sehnendes Leid.

Isolde Kurz

Erinnerung

Inzwischen bist Du nicht mehr gar so jung.
Hast manches hinter Dir liegen.
Nicht jede Erinnerung
Ist ein Vergnügen.
Man kann sich an alles gewöhnen,
Man denkt nur daran, wenn man muß.
Auch das geht vorüber, das Stöhnen,
Das seltsame, tief in der Brust.
Du bist ja zufrieden, nicht wahr,
Wenn das Vergangene ruht.
Was war es denn schließlich, es war
Nur ein Mangel an Liebe und Mut.
Wir treten nicht mehr wie Kinder
Zitternd beim Vater ein.
Wir sind keine großen Sünder
Und jedenfalls nicht allein.
Nur daß manchmal die bittere Träne
Dir aufsteigt. O trinke Dich satt.
Es krähen so viele Hähne
In der verwilderten Stadt.

Marie Luise Kaschnitz

ablegen

man muß sie ablegen
denkst du
die plätze deiner kindheit
die tage eines früheren kalenders
was du zuhause genannt

auch ein herz
denkst du
braucht verjährung

doch die tür
die dich trennt
von den stunden im gestern
die tür
bringst du einfach
nicht
zu

Dietmar Scholz

Ich bin geneigt zu glauben, daß alles, was wir gesehen, kennengelernt, wahrgenommen und gehört haben, ja daß die Bäume eines ausgedehnten Waldes – was sage ich? –, daß sogar die Anordnung der Äste, die Form der Blätter und die Verschiedenheit der Farben, der grünen Farbtöne und der Lichter, auch der Anblick der Sandkörnchen am Ufer des Meeres, die Ungleichheit der Wogen, wenn sie von einem leichten Windhauch bewegt oder vom Sturm zu Schaum aufgepeitscht werden, auch die Vielzahl der menschlichen Stimmen, der Tierlaute und der natürlichen Geräusche, die Melodie und Harmonie aller Lieder, aller Musikstücke, aller Konzerte, die wir gehört haben: daß all das in uns ohne unser Wissen weiterbesteht.

Denis Diderot: Philosophische Schriften

14

Juli

Erinnerungen an schönere Zeiten sind kostbar wie alte goldene Münzen. Erinnerungen sind der einzige Besitz, den uns niemand stehlen kann und der, wenn wir sonst alles verloren haben, nicht mitverbrannt ist. Merkt euch das! Vergeßt es nie!

Erich Kästner: Sechsundvierzig Heiligabende

15

Juli

Die schönste Zeit im Jahr, im Leben, im Jahr? Lassen Sie mich nachfühlen. [...]
Sommer? Wie eine trächtige Kuh liegt das Land, die Felder haben zu tun, die Engerlinge auch, die Stare auch; die Vogelscheuchen scheuchen, daß die ältesten Vögel nicht aus dem Lachen herauskommen, die Ochsen schwitzen, die Dampfpflüge machen Muh, eine ungeheure Tätigkeit hat rings sich aufgetan; nachts, wenn die Nebel steigen, wirtschaftet es noch im Bauch der Erde, das ganze Land dampft vor Arbeit, es wächst, begattet sich, jungt, Säfte steigen auf und ab, die Stuten brüten, Kühe sitzen auf ihren Eiern, die Enten bringen lebendige Junge zur Welt: kleine piepsende Wolleballen, der Hahn – der Hahn, das Aas, ist so recht das Symbol des Sommers! Er preist seinen Tritt an, das göttliche Elixier, er ist das Zeichen der Fruchtbarkeit, hast du das gesehn? und macht demgemäß einen mordsmäßigen Krach ... der Sommer –?

Kurt Tucholsky: Die fünfte Jahreszeit

Flüchtige Zeit

Oh Ferienzeit! Oh kurzer Wahn:
Der erste Urlaubstag bricht an, –
Doch damit sind auch die drei Wochen –
Unmerklich erst – schon angebrochen.
Rasch folgt der zweite Tag, der dritte,
Und unversehns ist Urlaubsmitte
Und zum Galopp schier wird der Trab:
Es geht verzweifelt schnell bergab.
Die Stunde, die sich leicht verwischt
Dem Glücklichen, der sommerfrischt,
Sie schlägt dann plötzlich hart genug:
Um acht Uhr, morgen, geht der Zug!
Das letzte Glück, den letzten Tag
Erfährt, daß ichs mit Goethe sag,
Der Mensch, was immer er auch sei.
Und morgen schon steht: »Zimmer frei!«
Am Haus, noch eh du an der Bahn. –
Leb wohl! Nun ist der Nächste dran!

Eugen Roth

Im Juli und August

Seit Jahren, im Juli und August,
wenn die Villen, Ämter, Schulhäuser
und Fußballplätze verödet sind,
bekomme ich täglich Grüße von fern.
Der Briefträger wirft
einen Alphornbläser samt Gebirge,
die Seufzerbrücke, den Denker von Rodin,
einen Serben in Pluderhosen,
auch das schilfbestandene Ufer einer Nordsee-Insel
in meinen Kasten.

Freunde erinnern sich meiner,
nachdem sie ohne mich fortfuhren.

Rainer Brambach

Sommerliche Konflikte

Und wieder weilt der Mensch im Grünen
und sieht, entsetzt teils, teils ergetzt,
die Wälder, Wiesen, Wässer, Dünen
mit Weiberreizen dicht besetzt.

Der Jüngling, töricht wie ein Falter,
schwirrt her und hin und saugt und trinkt.
Jedoch das kluge Mittelalter
mißtraut dem tierischen Instinkt.

So mancher Herr, der im Äquator
des Lebens und Berufes steht,
so mancher brave Kalkulator
fühlt sich vom Zweifel angeweht.

Ihn stechen der Erwägung Wespen
und rauben ihm die Seelenruh':
»Treib' ich dem Wendekreis des Krebsen,
treib' ich dem Kreis des Bockes zu?«

Dr. Owlglass

Vom Schwimmen in Seen und Flüssen

Wenn man am Abend von dem langen Liegen
Sehr faul wird, so, daß alle Glieder beißen,
Muß man das alles, ohne Rücksicht, klatschend
In blaue Flüsse schmeißen, die sehr reißen.
Am besten ist's, man hält's bis Abend aus.
Weil dann der bleiche Haifischhimmel kommt
Bös und gefräßig über Fluß und Sträuchern
Und alle Dinge sind, wie's ihnen frommt.

Bertolt Brecht

20

Juli

Froschregen

Man spricht auch von einem Froschregen. Aber das wird noch niemand gesehen haben, daß es Frösche aus der Luft herabregnete. Die Sache verhält sich ganz kurz so: Im Sommer bei anhaltend trockener Hitze zieht sich eine Art von Landfröschen in benachbarte Wälder und Buschwerke zurück, weil sie dort einen kühleren und feuchteren Aufenthalt haben, und verhalten sich ganz stille und verborgen, so daß sie niemand bemerkt. Wenn nun ein sanfter Regen fällt, so kommen sie in zahlreicher Menge wieder hervor und erquicken sich in dem nassen, kühlen Gras.
Wer alsdann in einer solchen Gegend ist und auf einmal so viele Fröschlein sieht, wo doch kurz vorher kein einziges zu sehen war, der kann sich nicht vorstellen, wo auf einmal so viele Frösche herkommen, und da bilden sich einfältige Leute ein, es habe Frösche geregnet. Denn aus lieber Trägheit läßt man eher die unvernünftigsten Dinge gelten, als man sich die Mühe gibt, über die vernünftigen Ursachen dessen nachzudenken oder zu fragen, was man nicht begreifen kann.

Johann Peter Hebel

21

Juli

Was der Juli nicht kocht,
kann der September nicht braten.

Spruch

Sommerfaden

Da fliegt, als wir im Felde gehen,
Ein Sommerfaden über Land,
Ein leicht und licht Gespinst der Feen,
Und knüpft von mir zu ihr ein Band.
Ich nehm ihn für ein günstig Zeichen,
Ein Zeichen, wie die Lieb es braucht.
O Hoffnungen der Hoffnungsreichen,
Aus Duft gewebt, von Luft zerhaucht!

Ludwig Uhland

23

Juli

Der Wald, den ich von meinem Fenster aus wahrnehme, ist heute derselbe Wald, der er gestern war, und wird morgen derselbe sein, der er heute ist. [...] Daran wäre auch nichts geändert, wenn man den Wald etwa abholzen sollte; denn damit nähme man mir nicht das Bewußtsein, daß er, dieser eine und selbe Wald, früher dort einmal gestanden habe. Man kann der Möglichkeit nach jegliches Ding vernichten; aber nicht einmal die Allmacht eines Gottes vermöchte zu bewirken, daß es hernach überhaupt nicht gewesen sei. Oder: Geschehenes läßt sich nicht ungeschehen machen.

Ludwig Klages

24

Juli

Zeit ist nicht umkehrbar. Selbst wenn wir denselben Weg zurückgehen, ist er nicht mehr derselbe, denn die Aufeinanderfolge der Kennzeichen dieses Weges ist eine andere und, was von noch größerer Bedeutung ist, wir sehen sie vom entgegengesetzten Blickpunkt, in umgekehrter Richtung – oder, wie im Falle der Erinnerung (im Wachrufen unseres Gedächtnisses), mit dem zuzüglichen Wissen früherer und inzwischen erworbener Erfahrung.

Das Zeiterlebnis ist eine Folge von Bewegung plus Gedächtnis. Gedächtnis, wie die Jahresringe eines Baumstammes, ist eine dauernd wachsende Bereicherung an Erfahrungsmaterial, das rückwirkend den Wert jeder neuen Erfahrung modifiziert, so daß selbst eine Wiederholung des gleichen Erlebnisses nie die gleichen Resultate hervorbringen kann.

Lama Anagarika Govinda

25

Juli

Gegen den Strom der Zeit kann zwar der einzelne nicht schwimmen, aber wer Kraft hat, hält sich und läßt sich von demselben nicht mit fortreißen.

Johann Gottfried Seume

Sprüche des Konfuzius

Dreifach ist der Schritt der Zeit:
Zögernd kommt die Zukunft hergezogen,
Pfeilschnell ist das Jetzt entflogen,
Ewig still steht die Vergangenheit.

Keine Ungeduld beflügelt
Ihren Schritt, wenn sie verweilt.
Keine Furcht, kein Zweifeln zügelt
Ihren Lauf, wenn sie enteilt.
Keine Reu', kein Zaubersegen
Kann die stehende bewegen.

Möchtest du beglückt und weise
Endigen des Lebens Reise,
Nimm die zögernde zum Rat,
Nicht zum Werkzeug deiner Tat.
Wähle nicht die fliehende zum Freund,
Nicht die bleibende zum Feind.

Friedrich Schiller

27
Juli

Was aber jetzt klar und deutlich ist, das ist dies: Weder das Zukünftige ist noch das Vergangene, und man kann auch von Rechts wegen nicht sagen, es gebe drei Zeiten, Vergangenheit, Gegenwart und Zukunft. Vielleicht sollte man richtiger sagen: es gibt drei Zeiten, Gegenwart des Vergangenen, Gegenwart des Gegenwärtigen und Gegenwart des Zukünftigen. Denn diese drei sind in der Seele, und anderswo sehe ich sie nicht. Gegenwart des Vergangenen ist die Erinnerung, Gegenwart des Gegenwärtigen die Anschauung, Gegenwart des Zukünftigen die Erwartung. Darf man so sagen, sehe ich in der Tat diese drei Zeiten und muß gestehen: es sind drei.

Augustinus: Bekenntnisse

Unter Zeiten

Das Perfekt und das Imperfekt
tranken Sekt.
Sie stießen aufs Futurum an
(was man wohl gelten lassen kann).

Plusquamper und Exaktfutur
blinzten nur.

Christian Morgenstern

29
Juli

Gedenke ich der Vergangenheit, so gedenke ich einer gewissen Wirklichkeit; denke ich hingegen ein Zukünftiges, so denke ich etwas Unwirkliches, genauer gesagt, einen Sachverhalt, der bloß im Gedachtwerden Dasein hat! Schwänden im Nu alle denkenden Wesen dahin, so bliebe doch haargenau, was sie vorher war, die wirklich stattgehabte Vergangenheit; wohingegen der Name »Zukunft« schlechterdings seinen Sinn verlöre, sobald es an Wesen gebräche mit einem Zukunftsgedanken! [...] Ohne Gewißheitswerte übrigens gegeneinander zu wägen, muß doch jeder erkennen und anerkennen: es gibt kein in der Zukunft angesetztes Ereignis, von dem es sich nicht denken ließe, daß es, statt einzutreten, nicht eintrete! Sagt uns der Sternkundige bis auf den Bruchteil der Sekunde die Mondfinsternis voraus, so zweifeln wir nicht, sie wird sich ereignen und genau am vorherbestimmten Punkte der Zeit; allein denkunmöglich wäre es nicht, daß, bevor es geschähe, das gesamte für uns sichtbare All in Atome zerschellte!

Ludwig Klages

Zukunft ist nur eine in der Richtung unserer Bewegung inhärente Möglichkeit. Um ein konkretes Beispiel zu geben: Die Brücke, auf die wir uns zubewegen, wird zum Bestandteil unserer Zukunft, vorausgesetzt, daß wir die eingeschlagene Richtung beibehalten. Die Brücke dagegen, die wir überschritten haben, ist ein nicht mehr rückgängig zu machender Bestandteil unserer Vergangenheit. Vergangenheit besitzt Wirklichkeit, insofern sie auf Gegenwärtiges und Zukünftiges wirkt und deren Ablauf weitgehend bestimmt. Zukunft aber ist nur eine Möglichkeit und kann daher nicht auf die Gegenwart (und noch weniger auf Vergangenes) wirken. In diesem Sinne ist sie unwirklich. Die wirkliche Zeit aber ist, wie Klages so schön sagt, »das Pulsieren der Ewigkeit«.

Lama Anagarika Govinda

Mondnacht

Es war, als hätt der Himmel
Die Erde still geküßt,
Daß sie im Blütenschimmer
Von ihm nun träumen müßt.

Die Luft ging durch die Felder,
Die Ähren wogten sacht,
Es rauschten leis die Wälder,
So sternklar war die Nacht.

Und meine Seele spannte
Weit ihre Flügel aus,
Flog durch die stillen Lande,
Als flöge sie nach Haus.

Joseph von Eichendorff

August

1

August

Unsere Wünsche sind Vorgefühle der Fähigkeiten, die in uns liegen, Vorboten desjenigen, was wir zu leisten imstande sein werden.

Johann Wolfgang von Goethe

2
August

Denke, jemand sagt: »Der Mensch hofft.« Wie hätte man dies allgemeine naturgeschichtliche Phänomen zu beschreiben? Man könnte ein Kind beobachten und warten, bis es eines Tages Hoffnung äußert; und man könnte dann sagen: »Heut hat es zum ersten Mal gehofft.« Aber das klingt doch seltsam! Obwohl es ganz natürlich wäre, zu sagen: »Heut hat es zum ersten Mal gesagt: ›Ich hoffe.‹« Und warum seltsam? – Man sagt doch nicht von einem Säugling, er hoffe …, noch auch, er hoffe nicht …, und man sagt es doch vom Erwachsenen. – Nun, das Leben wird nach und nach zu dem, worin für Hoffnung Platz ist.
Aber nun sagt man: Man kann eben nicht sicher sein, wann das Kind wirklich anfängt zu hoffen, denn Hoffen ist ein innerer Vorgang. Welcher Unsinn! Wie weiß man denn dann überhaupt, wovon man redet?

Ludwig Wittgenstein: Über Gewißheit

Zeit

So wandelt sie, im ewig gleichen Kreise,
Die Zeit nach ihrer alten Weise,
Auf ihrem Wege taub und blind,
Das unbefangene Menschenkind
Erwartet stets vom nächsten Augenblick
Ein unverhofftes seltsam neues Glück.
Die Sonne geht und kehret wieder,
Kommt Mond und sinkt die Nacht hernieder,
Die Stunden die Wochen abwärts leiten,
Die Wochen bringen die Jahreszeiten.
Von außen nichts sich je erneut,
In dir trägst du die wechselnde Zeit,
In dir nur Glück und Begebenheit.

Ludwig Tieck

Der Hund in der Sonne

Es gibt einen wunderbaren Satz von Seneca: »Calamitosus animus futuri anxius, tief unglücklich die Seele, die sorgend die Zukunft bedenkt.« Wohl wahr. Wer die Zukunft bedenkt, ist nicht glücklich. Aber sorgend die Zukunft bedenken ist menschlich. Es ist eine Wahrheit ersten Ranges, mit der gelebt werden muß: Erst durch den Blick auf das Ungewisse, die ängstliche Sorge, die Vorschau, die Hoffnung an der Schwelle der Sorge, die Angst vor der Zukunft, erst da beginnt, was den Menschen auszeichnet. Ohne Bedenken der Zukunft, das ist der Hund in der Sonne.

Erhart Kästner

5

August

HAMLET: Ich trotze allen Vorbedeutungen: es waltet eine besondere Vorsehung über den Fall eines Sperlings. Geschieht es jetzt, so geschieht es nicht in Zukunft; geschieht es nicht in Zukunft, so geschieht es jetzt; geschieht es jetzt nicht, so geschieht es doch einmal in Zukunft. In Bereitschaft sein ist alles. Da kein Mensch das wirklich besitzt, was er verläßt, was kommt darauf an, es frühzeitig zu verlassen? Mag's sein.

William Shakespeare: Hamlet

6

August

Darum sage ich euch: Sorgt nicht um euer Leben, was ihr essen und trinken werdet; auch nicht um euren Leib, was ihr anziehen werdet. Ist nicht das Leben mehr als die Nahrung und der Leib mehr als die Kleidung? Seht die Vögel unter dem Himmel an: sie säen nicht, sie ernten nicht, sie sammeln nicht in die Scheunen; und euer himmlischer Vater ernährt sie doch. Seid ihr denn nicht viel mehr als sie? Wer ist unter euch, der seines Lebens Länge eine Spanne zusetzen könnte, wie sehr er sich auch darum sorgt? Und warum sorgt ihr euch um die Kleidung? Schaut die Lilien auf dem Feld an, wie sie wachsen: sie arbeiten nicht, auch spinnen sie nicht. Ich sage euch, daß auch Salomo in aller seiner Herrlichkeit nicht gekleidet gewesen ist wie eine von ihnen.
[...]
Darum sorgt nicht für morgen, denn der morgige Tag wird für das Seine sorgen. Es ist genug, daß jeder Tag seine eigene Plage hat.

Die Bibel: aus Matthäus 6

7
August

Diese Lebenskarawane ist ein seltsamer Zug,
Drum hasche die flüchtige Freude im Flug!
Mach Dir um künftigen Gram keine Sorgen,
Fülle das Glas, bald ruht wieder der Morgen!

Omar Khayyam

8

August

Schlafe nicht, wenn die Sonne im Osten steht, und dürste nicht zur Seite des Bierkrugs. Sitze nicht in der Kammer der Herzenssorge, das Morgen vorherzusagen, bevor es gekommen ist.

Altägyptische Inschrift

9

August

Die Zukunft beunruhigt uns,
die Vergangenheit hält uns fest,
deshalb entgeht uns die Gegenwart.

Gustave Flaubert

10

August

Niemals halten wir uns an die Gegenwart. Wir nehmen die Zukunft vorweg, als käme sie zu langsam, als wollten wir ihren Gang beschleunigen; oder wir erinnern uns der Vergangenheit, um sie aufzuhalten, da sie zu rasch entschwindet: Torheit, in den Zeiten umherzuirren, die nicht unsere sind, und die einzige zu vergessen, die uns gehört, und Eitelkeit, denen nachzusinnen, die nichts sind, und die einzige zu verlieren, die besteht, nämlich weil es die Gegenwart ist, die uns gewöhnlich verletzt. Wir verbergen sie vor uns, weil sie uns bekümmert; und wenn sie uns freundlich ist, bedauern wir, sie entschwinden zu sehen. Wir versuchen, sie für die Zukunft zu erhalten, und sind gesonnen, über Dinge, die nicht in unserer Macht sind, an einem Zeitpunkt zu verfügen, von dem wir keine Gewähr haben, daß wir ihn erleben.

Wer seine Gedanken prüft, wird sie alle mit der Vergangenheit und der Zukunft beschäftigt finden. Kaum denken wir je an die Gegenwart, und denken wir an sie, so nur, um hier das Licht anzuzünden, über das wir in der Zukunft verfügen wollen. Niemals ist die Gegenwart Ziel. Vergangenheit und Gegenwart sind Mittel, die Zukunft allein ist unser Ziel. So leben wir nie, sondern hoffen zu leben, und so ist es unvermeidlich, daß wir in der Bereitschaft, glücklich zu sein, es niemals sind.

Blaise Pascal: Gedanken

11

August

Nur wer sorglos in die Zukunft blicken kann, genießt mit gutem Gefühl die Gegenwart.

Stefan Zweig

12
August

Ein japanischer Krieger wurde von seinen Feinden gefangengenommen und in eine Gefängniszelle geworfen. Er konnte nachts nicht schlafen, denn er war überzeugt, am nächsten Tag grausam gefoltert zu werden.
Dann fielen ihm die Worte seines Zen-Meisters ein: »Morgen ist nicht wirklich. Die einzige Wirklichkeit ist die Gegenwart.« Also besann er sich auf die Gegenwart und fiel in tiefen Schlaf.

Anthony de Mello

13
August

Die Realität der Zeit ist die, daß wir unserer Vergangenheit nicht sicher sein können. Wir wissen nicht, ob sie sich wirklich so ereignet hat, wie wir denken. Und mit Sicherheit kennen wir die Zukunft nicht. Ja, wir wissen nicht einmal mit Sicherheit, ob es eine lineare Zeit gibt.
Wir denken, daß die Vergangenheit etwas ist, das vorher war; und dic Zukunft etwas, das vor uns liegt, doch das setzt voraus, daß die Zeit in einem gradlinigen Kontinuum abläuft. Wissenschaftler haben darüber spekuliert, daß die Zeit nicht linear ist, daß wir nicht in ein starres Muster von Vergangenheit, Gegenwart und Zukunft eingesperrt sind. In der nichtlinearen Zeit können Vergangenheit, Gegenwart und Zukunft alle zur gleichen Zeit existieren.
Würde es etwas ausmachen, wenn es so wäre? Würde es unser Leben verändern, wenn die Zeit nicht linear wäre, wenn wir gleichzeitig in der Vergangenheit, Gegenwart und Zukunft leben würden?

Elisabeth Kübler-Ross

14

August

Ein Mann in den Fünfzigern, der seine Arbeit aus Krankheitsgründen hatte aufgeben müssen, erwachte mitten in der Nacht in Panik. Als er seinen Terminkalender aufschlug, erblickte er lauter leere Seiten, Woche um Woche. Seine Zukunft schien buchstäblich eine Leere zu sein. Er sagte, er wisse, daß er die Vergangenheit loslassen müsse, wenn er diese Krankheit in den Griff bekommen wollte. Er wußte, daß er auch die Zukunft loslassen mußte, aber erst, als er in dieser Nacht ganz außer sich seinen Terminkalender aufschlug, erkannte er, wie dieses Loslassen der Zukunft aussehen würde. Er mußte die Zeitstruktur, in der wir leben und uns verstricken, loslassen. Durch seinen Verlust begann er zu erfahren, wer er war und was für einen Bezug zur Zeit er hatte. Zunächst mußte er sich mit der Realität befassen, daß die Zeit, wie er sie kannte, zu zerbrechen begann. Wenn zum Beispiel Freunde anriefen und fragten, wann sie ihn besuchen könnten, sagte er, daß ihm jede Zeit recht sei, es sei ihm gleich. Dadurch begann er ein Gefühl dafür zu bekommen, daß er Kontinuität besaß, auch wenn die Zeit – und das gewohnte Ausfüllen der Zeit – zusammengebrochen war.
Als er der Sache tiefer auf den Grund ging, erkannte er, daß er weiterbestehen würde, wenn es keine Zeit mehr gibt. »Je mehr die künstliche Zeit einzubrechen begann«, erläuterte er, »desto mehr erkannte ich, daß ich in der Zeit gelebt habe und in der Zeit sterben werde. Und ich empfand in meinem Innersten, daß ich ewig bin und über die Zeit hinaus existieren werde. Ich werde weiterhin da sein. In unserem Wesenskern sind wir in Wahrheit zeitlos.«

Elisabeth Kübler-Ross

15

August

Mariä Himmelfahrt klarer Sonnenschein
bringt meistens viel und guten Wein.

Georg Christoph Lichtenberg

Der August muß Hitze haben,
sonst wird der Obstbaumsegen begraben.

Georg Christoph Lichtenberg

17

August

Lebenskünstler ist, wer seinen Sommer so erlebt, daß er ihm noch den Winter wärmt.

Alfred Polgar

Dreißig Grad

Das ist die Zeit der dicken Sommerhitze.
Das Thermometer kocht. Die Sonne strahlt.
Die gnädige Frau hats warm; ich Plebs, ich schwitze –
in blauem Badehöschen, eindrucksvoll bemalt.

Am hellen Strand läuft eine leichte Brise
und legt sich wieder – nein, das wird kein Wind.
Jetzt ist August, da hatten wir die Krise,
wie so die deutschen Sommerkrisen sind.

Da hinten badet eine fette Dame.
Es steigt das Meer, wenn sie ins selbe tritt.
Sag an, Sylphide, ist vielleicht dein Name
Germania? Nehm ich dich als Sinnbild mit?

Es rinnt der Sand. Da schleicht sich ein Vehikel –
wohl gar mit Butter? – übern Dünendamm.
Bei mir langts nur noch für den Leitartikel –
was Kluges bring ich heut nicht mehr zusamm.

Wie lang ists her – da war in diesen Wochen
in angenehmer Weise gar nichts los.
Man hat nur faul den faulen Tang gerochen …
Heut kommen Kunz und Hintze angekrochen –
Du liebe Zeit, wie bist du heiß und groß!

Kurt Tucholsky

19

August

Vergangene Zeit und künftige Zeit
Beschränken auf ein Kleines das Bewußtsein.
Bewußt sein heißt nicht in der Zeit sein,
Doch ohne Zeit kann der Augenblick im Rosengarten
Der Augenblick in der Laube beim prasselnden Regen,
Der Augenblick in der zugigen Kirche, als die Schwaden
    sanken,
Nicht erinnert werden; einbezogen in Vergangenheit und
    Zukunft.
Nur durch Zeit wird Zeit überwunden.

T. S. Eliot: aus Vier Quartette. Burnt Norton I

20

August

Es ist ein Wunder: der Augenblick, im Husch da, im Husch vorüber, vorher ein Nichts, nachher ein Nichts, kommt doch noch als Gespenst wieder und stört die Ruhe eines späteren Augenblicks. Fortwährend löst sich ein Blatt aus der Rolle der Zeit, fällt heraus, flattert fort – und flattert plötzlich wieder zurück, dem Menschen in den Schoß. Dann sagt der Mensch »ich erinnere mich« und beneidet das Tier, welches sofort vergißt und jeden Augenblick wirklich sterben, in Nebel und Nacht zurücksinken und auf immer verlöschen sieht.

Friedrich Nietzsche: Unzeitgemäße Betrachtungen

21

August

Denke daran, daß nur die Gegenwart real ist und der heutige Tag nicht ein zweites Mal kommt.

Arthur Schopenhauer

Lebensregel

Willst du dir ein hübsch Leben zimmern,
mußt dich ums Vergangne nicht bekümmern;
das wenigste muß dich verdrießen;
mußt stets die Gegenwart genießen,
besonders keinen Menschen hassen
und die Zukunft Gott überlassen.

Johann Wolfgang von Goethe

23

August

Nun ist er mir auch mit dem Abschied von dieser sonderbaren Welt ein wenig vorausgegangen. Dies bedeutet nichts. Für uns gläubige Physiker hat die Scheidung zwischen Vergangenheit, Gegenwart und Zukunft nur die Bedeutung einer wenn auch hartnäckigen Illusion.

Albert Einstein: Brief an den Sohn und die Schwester von Michele Besso, 21. 3. 1955

Indianische Perspektiven

Unsere Zeitwahrnehmung ist sphärisch – es gibt keine Vergangenheit oder Zukunft, da sie eins sind mit der Gegenwart. Jeder Zeitpunkt ist er selbst – die einzigartige Wechselwirkung unendlich vieler Geschehnisse seit Anbeginn der Zeit – mit unendlichen Wirkungen. So wie jeder Punkt im Raum das Zentrum des Universums ist, so ist auch jeder Punkt in der Zeit das Zentrum der Zeit – der einzigartige und kostbare Augenblick, den die Erde seit ihrem Anbeginn vorbereitet hat.
Nichts schreitet voran, kommt weiter oder verbessert sich. Ein jedes Ding enthält alles, was es gewesen ist und sein wird. Ein drei Meter hoher Baum ist einem dreißig Meter hohen Baum weder über- noch unterlegen. Es ist dem, was es gewesen ist oder sein wird, niemals über- oder unterlegen. Es muß immer in Harmonie mit sich selbst sein. Wenn die Europäer uns zum ersten Male einige Jahrhunderte weiter getroffen hätten, hätten sie bei uns eine komplexere Technologie vorgefunden, als sie taten, aber wir wären dem, was wir gewesen sind, nicht überlegen.

K'apisehimu (Gayle High Pine)

25

August

Von der Zeit

Und ein Astronom sagte: Meister, was ist mit der Zeit?
Und er antwortete: Ihr wollt die Zeit messen, die maßlose und unermeßliche.
Nach Stunden und Jahreszeiten wollt ihr euren Wandel richten und sogar den Lauf des Geistes lenken.
Aus der Zeit wollt ihr einen Strom machen, an dessen Ufer ihr sitzt und zuschaut, wie er fließt.
Doch das Zeitlose in euch ist sich der Zeitlosigkeit des Lebens bewußt und weiß, daß Gestern nichts anderes ist als die Erinnerung von Heute und Morgen der Traum von Heute.
Und daß, was in euch singt und sinnt, immer noch innerhalb der Grenzen jenes ersten Augenblicks weilt, der die Sterne in den Weltraum schleuderte. Wer unter euch fühlt nicht, daß seine Kraft zu lieben grenzenlos ist? Und wer fühlt dennoch nicht, daß die Liebe, obgleich grenzenlos, im Kern seines Seins eingeschlossen ist und nicht von Liebesgedanken zu Liebesgedanken oder von Liebestat zu Liebestat zieht?
Und ist nicht die Zeit wie die Liebe, ungeteilt und ungezügelt?
Doch wenn ihr in eurem Denken die Zeit in Jahreszeiten messen müßt, laßt eine jede Jahreszeit all die anderen umfassen, und laßt das Heute die Vergangenheit mit Erinnerung umschlingen und die Zukunft mit Sehnsucht.

Khalil Gibran: Der Prophet

Der Bach

Es gibt nichts Schöneres unter der Sonne, als im Halbschatten am kleinen Wasserfall zu sitzen. Aus der Blätterdunkelheit schiebt sich der Bach heimlich auf mich zu. Die Felsen gleiten lautlos auf dem Wasser. Blätter treiben sanft heran. Wasserläufer häkeln Ringe, der Wind bläst Feinripp auf den Spiegel. Hineinwaten und sich in die Glasklarheit werfen. Eine schwarze Bisamratte schwimmt davon. Tosend stürzt sich der Bach über die Wehrmauer, strudelt im Becken, Sonnenfunken glitzern, Libellen setzen zum Anflug an. Gluckernd, rülpsend, gurgelnd, plappernd verabschiedet er sich ins Braungrün von Stein und Gebüsch hinein, ohne sich umzuwenden. Ich habe das Nachsehen, aber sieh! Da kommt er ja wieder aus der Felsenenge auf mich zu, breitet sich lautlos zum Spiegel aus … Wasserläufer, Ringe … er hüpft über die Mauer, naß und schwer und tosend, schwabbelnd, dudelnd, rülpsend …
Vorhin saß ich auch am Bach, an einer anderen Stelle, und da gurgelte er auch. Wie macht er das nur? Und irgend etwas fließt von dort nach da und immer den Bach hinunter, Glitzern, Blasen, Blätter, silberne Fische. Und manchmal flitzt eine große Forelle einfach den Bach zurück und hinauf …

Brigitte Uhde-Stahl

27

August

Wie von unsichtbaren Geistern gepeitscht, gehen die Sonnenpferde der Zeit mit unseres Schicksals leichtem Wagen durch, und uns bleibt nichts, als mutig und gefaßt die Zügel festzuhalten und bald rechts, bald links, vom Steine hier, vom Sturze da, die Räder wegzulenken. Wohin es geht, wer weiß es? Erinnert er sich doch kaum, woher er kam.

Johann Wolfgang von Goethe

28

August

› schönste Zeit im Jahr, im Leben, im Jahr? Lassen Sie mich
:hfühlen. […]
nn der Sommer vorbei ist und die Ernte in die Scheuern ge-
ıcht ist, wenn sich die Natur niederlegt wie ein ganz altes Pferd,
s sich im Stall hinlegt, so müde ist es – wenn der späte Nach-
nmer im Verklingen ist und der frühe Herbst noch nicht ange-
gen hat –: dann ist die fünfte Jahreszeit.
n ruht es. Die Natur hält den Atem an; an andern Tagen atmet
unmerklich aus leise wogender Brust. Nun ist alles vorüber: ge-
:en ist, gereift ist, gewachsen ist, gelaicht ist, geerntet ist – nun
es vorüber. Nun sind da noch die Blätter und die Gräser und die
äucher, aber im Augenblick dient das zu gar nichts; wenn über-
ıpt in der Natur ein Zweck verborgen ist: im Augenblick steht
s Räderwerk still. Es ruht.
ıcken spielen im schwarz-goldenen Licht, im Licht sind wirklich
ıwarze Töne, tiefes Altgold liegt unter den Buchen, Pflaumen-
u auf den Höhen … kein Blatt bewegt sich, es ist ganz still.
nk sind die Farben, der See liegt wie gemalt, es ist ganz still.
ɔt, das flußab gleitet, Aufgespartes wird dahingegeben – es ruht.
vier, so acht Tage –
d dann geht etwas vor.
ıes Morgens riechst du den Herbst. Es ist noch nicht kalt; es ist
ht windig; es hat sich eigentlich gar nichts geändert – und doch
ʾs. Es geht wie ein Knack durch die Luft – es ist etwas gesche-
ı; so lange hat sich der Kubus noch gehalten, er hat
schwankt …, na … na …, und nun ist er auf die andere Seite
allen. […]
ist die fünfte und schönste Jahreszeit.

Kurt Tucholsky: Die fünfte Jahreszeit

Ende des Sommers

Wir haben uns lange genug
herumgetrieben
jetzt fällt die Sonne
in Ohnmacht
sie kann nicht mehr

Die Bäume hören auf
die Welle kommt nicht mehr
wie gewöhnlich sind die Dinge geworden
wie gewöhnlich

Die Wette war ich eingegangen
daß dieser Sommer bliebe

Elisabeth Borchers

Verfrühter Herbst

Schon riecht es scharf nach angewelkten Blättern,
Kornfelder stehen leer und ohne Blick;
Wir wissen: eines von den nächsten Wettern
Bricht unserm müden Sommer das Genick.

Die Ginsterschoten knistern. Plötzlich wird
Uns das fern und sagenhaft erscheinen,
Was heut wir in der Hand zu halten meinen,
Und jede Blume wunderbar verirrt.

Bang wächst ein Wunsch in der erschreckten Seele:
Daß sie nicht allzu sehr am Dasein klebe,
Daß sie das Welken wie ein Baum erlebe,
Daß Fest und Farbe ihrem Herbst nicht fehle.

Hermann Hesse

Astern

Astern –, schwälende Tage,
Alte Beschwörung, Bann,
Die Götter halten die Waage
Eine zögernde Stunde an.

Noch einmal die goldenen Herden
Der Himmel, das Licht, der Flor,
Was brütet das alte Werden
Unter den sterbenden Flügeln vor?

Noch einmal das Ersehnte,
Den Rausch, der Rosen Du –,
Der Sommer stand und lehnte
Und sah den Schwalben zu,

Noch einmal ein Vermuten,
Wo längst Gewißheit wacht:
Die Schwalben streifen die Fluten
Und trinken Fahrt und Nacht.

Gottfried Benn

September

1

September

JAQUES: Die ganze Welt ist Bühne,
Und alle Fraun und Männer bloße Spieler,
Sie treten auf und gehen wieder ab,
Sein Leben lang spielt einer manche Rollen,
Durch sieben Akte hin. Zuerst das Kind,
Das in der Wärtrin Armen greint und sprudelt;
Der weinerliche Bube, der mit Bündel
Und glattem Morgenantlitz, wie die Schnecke,
Ungern zur Schule kriecht; dann der Verliebte,
Der wie ein Ofen seufzt, mit Jammerlied
Auf seiner Liebsten Braun; dann der Soldat,
Voll toller Flüch und wie ein Pardel bärtig,
Auf Ehre eifersüchtig, schnell zu Händeln,
Bis in die Mündung der Kanone suchend
Die Seifenblase Ruhm. Und dann der Richter,
Im runden Bauche, mit Kapaun gestopft,
Mit strengem Blick und regelrechtem Bart,
Voll weiser Sprüch und neuester Exempel,
Spielt seine Rolle so. Das sechste Alter
Macht den besockten hagern Pantalon,
Brill auf der Nase, Beutel an der Seite;
Die jugendliche Hose, wohlgeschont,
'ne Welt zu weit für die verschrumpften Lenden;
Die tiefe Männerstimme, umgewandelt
Zum kindischen Diskante, pfeift und quäkt
In feinem Ton. Der letzte Akt, mit dem
Die seltsam wechselnde Geschichte schließt,
Ist zweite Kindheit, gänzliches Vergessen,
Ohn Augen, ohne Zahn, Geschmack und alles.

William Shakespeare: Wie es euch gefällt

Das Spiel des Lebens

Wollt ihr in meinen Kasten sehn?
Des Lebens Spiel, die Welt im kleinen,
Gleich soll sie eurem Aug' erscheinen;
Nur müßt ihr nicht zu nahe stehn,
Ihr müßt sie bei der Liebe Kerzen
Und nur bei Amors Fackel sehn.

Schaut her! Nie wird die Bühne leer:
Dort bringen sie das Kind getragen,
Der Knabe hüpft, der Jüngling stürmt einher,
Es kämpft der Mann, und alles will er wagen.

Ein jeglicher versucht sein Glück,
Doch schmal nur ist die Bahn zum Rennen;
Der Wagen rollt, die Achsen brennen,
Der Held dringt kühn voran, der Schwächling bleibt zurück,
Der Stolze fällt mit lächerlichem Falle,
Der Kluge überholt sie alle.

Die Frauen seht ihr an den Schranken stehn,
Mit holdem Blick, mit schönen Händen
Den Dank dem Sieger auszuspenden.

Friedrich Schiller

3

September

Der Menschen Engel ist die Zeit.

Sprichwort

Du liebe Zeit

Da habe ich einen gehört
wie er seufzte: »Du liebe Zeit!«

Was heißt da »Du liebe Zeit«?
»Du unliebe Zeit«, muß es heißen

»Du ungeliebte Zeit!«
von dieser Unzeit, in der wir

leben müssen. Und doch
Sie ist unsere einzige Zeit

Unsere Lebenszeit
Und wenn wir das Leben lieben

können wir nicht ganz lieblos
gegen diese unsere Zeit sein

Wir müssen sie ja nicht genau so
lassen, wie sie uns traf

Erich Fried

5

September

Einszweidrei! Im Sauseschritt
Läuft die Zeit; wir laufen mit.

Wilhelm Busch

6

September

Sollte es nicht offenbaren Fortgang und Entwicklung aber in einem höheren Sinne geben, als man's gewähnet hat? Siehest du diesen Strom fortschwimmen, wie er aus einer kleinen Quelle entsprang, wächst, dort abreißt, hier ansetzt, sich immer schlängelt und weiter und tiefer bohret – bleibt aber immer Wasser, Strom, Tropfe, immer nur Tropfe, bis er ins Meer stürzt. Wenn's so mit dem menschlichen Geschlechte wäre? Oder siehest du jenen wachsenden Baum, jenen emporstrebenden Menschen? Er muß durch verschiedene Lebensalter hindurch, alle offenbar im Fortgange, ein Streben aufeinander in Kontinuität!

Johann Gottfried Herder

7

September

Ein jeder bekommt soviel, wie ihm sein Geburtstag bestimmt hat. Seit jenem Tag, an dem er zum erstenmal das Licht der Welt erblickte, ist er den Weg des Todes gegangen und seinem Ende nähergekommen, und eben die Jahre, die zu seiner Jugend hinzukamen, wurden von seiner Lebenszeit genommen. In dem Wahn sind wir alle befangen, daß wir glauben, es könne bald ans Sterben gehen, außer wenn man alt und hinfällig ist, während uns doch schon die Kindheit und die Jugend und jedes Lebensalter dahin bringen kann. Was ihm obliegt, erfüllt das Schicksal; es entzieht uns die Wahrnehmung unseres Endes, und damit er sich desto leichter anschleichen kann, tarnt sich der Tod gar mit dem Schein des Lebens. Das Säuglingsalter machte der Kindheit, die Kindheit der Jugend Platz, und Manneskraft raubte das Alter. Gerade die Zunahme ist, objektiv betrachtet, ein Verlust.

Seneca: Trostschrift an Marcia

8

September

Unendlich – Nichts. Unsere Seele ist in den Körper gestoßen, wo sie Zahl, Zeit, räumliche Ausdehnung vorfindet; sie denkt darüber nach und nennt das Natur, Notwendigkeit, und sie kann nichts anderes glauben.

Blaise Pascal: Gedanken

Des Menschen Alter

Ein Kind vergißt sich selbst, der Knabe kennt sich nicht,
Ein Jüngling acht' sich schlecht, ein Mann hat immer Pflicht,
Ein Alter nimmt Verdruß, ein Greis wird wieder Kind:
Was meinst du, was doch dies für Herrlichkeiten sind!

Friedrich von Logau

10

September

Die Jahre

Die Jahre sind allerliebste Leut':
Sie brachten gestern, sie bringen heut,
Und so verbringen wir Jüngern eben
Das allerliebste Schlaraffenleben.
Und dann fällt's den Jahren auf einmal ein,
Nicht mehr wie sonst bequem zu sein;
Wollen nicht mehr schenken, wollen nicht mehr borgen,
Sie nehmen heute, sie nehmen morgen.

Johann Wolfgang von Goethe

11

September

Die Zeit ist eine verspielte Katze. Sie umschmeichelt einen und schlabbert den Tag auf wie eine Schale Milch.

Henry Ford

Das Karussell

Jardin du Luxembourg

Mit einem Dach und seinem Schatten
dreht sich eine kleine Weile der Bestand
von bunten Pferden, alle aus dem Land,
das lange zögert, eh es untergeht.
Zwar manche sind an Wagen angespannt,
doch alle haben Mut in ihren Mienen;
ein böser roter Löwe geht mit ihnen
und dann und wann ein weißer Elefant.

Sogar ein Hirsch ist da, ganz wie im Wald,
nur daß er einen Sattel trägt und drüber
ein kleines blaues Mädchen aufgeschnallt.

Und auf dem Löwen reitet weiß ein Junge
und hält sich mit der kleinen heißen Hand,
dieweil der Löwe Zähne zeigt und Zunge.

Und dann und wann ein weißer Elefant.

Und auf den Pferden kommen sie vorüber,
auch Mädchen, helle, diesem Pferdesprunge
fast schon entwachsen; mitten in dem Schwunge
schauen sie auf, irgendwohin, herüber –

Und dann und wann ein weißer Elefant.

Und das geht hin und eilt sich, daß es endet,
und kreist und dreht sich nur und hat kein Ziel.
Ein Rot, ein Grün, ein Grau vorbeigesendet,
ein kleines kaum begonnenes Profil –
Und manchesmal ein Lächeln, hergewendet,
ein seliges, das blendet und verschwendet
an dieses atemlose blinde Spiel …

Rainer Maria Rilke

Drachenlied

Fliege, fliege, kleiner Drache
Steig mit Eifer in die Lüfte
Schwing dich, kleine blaue Sache
Über unsre Häusergrüfte!

Wenn wir an der Schnur dich halten
Wirst du in den Lüften bleiben
Knecht der sieben Windsgewalten
Zwingst du sie, dich hochzutreiben.

Wir selbst liegen dir zu Füßen!
Fliege, fliege, kleiner Ahne
Unsrer großen Äroplane
Blick dich um, sie zu begrüßen!

Bertolt Brecht

Überall

Überall ist Wunderland.
Überall ist Leben.
Bei meiner Tante im Strumpfenband
Wie irgendwo daneben.
Überall ist Dunkelheit.
Kinder werden Väter.
Fünf Minuten später
Stirbt sich was für einige Zeit.
Überall ist Ewigkeit.

Wenn du einen Schneck behauchst,
Schrumpft er ins Gehäuse.
Wenn du ihn in Kognak tauchst,
Sieht er weiße Mäuse.

Joachim Ringelnatz

Zur Fotografie eines Konfirmanden

Da steht er nun, als Mann verkleidet,
und kommt sich nicht geheuer vor.
Fast sieht er aus, als ob er leidet.
Er ahnt vielleicht, was er verlor.

Er trägt die erste lange Hose.
Er spürt das erste steife Hemd.
Er macht die erste falsche Pose.
Zum ersten Mal ist er sich fremd.

Er hört sein Herz mit Hämmern pochen.
Er steht und fühlt, daß gar nichts sitzt.
Die Zukunft liegt ihm in den Knochen.
Er sieht so aus, als hätt's geblitzt.

Womöglich kann man noch genauer
erklären, was den Jungen quält:
Die Kindheit starb; nun trägt er Trauer
und hat den Anzug schwarz gewählt.

Er steht dazwischen und daneben.
Er ist nicht groß. Er ist nicht klein.
Was nun beginnt, nennt man das Leben.
Und morgen früh tritt er hinein.

Erich Kästner

Elternlied

Kinder laufen fort.
Lang her kann's noch gar nicht sein,
Kamen sie zur Tür herein,
Saßen zwistiglich vereint
Alle um den Tisch.

Kinder laufen fort.
Und es ist schon lange her.
Schlechtes Zeugnis kommt nicht mehr.
Stunden Ärgers, Stunden schwer:
Scharlach, Diphtherie!

Kinder laufen fort.
Söhne hangen Weibern an.
Töchter haben ihren Mann.
Briefe kommen, dann und wann,
Nur auf einen Sprung.

Kinder laufen fort.
Etwas nehmen sie doch mit.
Wir sind ärmer, sie sind quitt,
Und die Uhr geht Schritt für Schritt
Um den leeren Tisch.

Franz Werfel

horizonte

jung sein
das ist
wenn
deine wege
dich tragen
an den fernsten strand

doch
eines tags
da siehst du
nahe küsten
die
selbst im traum
dein fuß
nie mehr
erreicht

Dietmar Scholz

an meine tochter

solange du bist
habe ich an dir gemalt
bis du mehr
von mir hattest als
ich

nun
gehst du
an einem fremden arm

und
ich sage den tränen
daß
du
etwas von mir
in neue
zeiten
trägst

Dietmar Scholz

19

September

Sind aber dann Orion und Sirius mitten am Himmel angekommen, erblickt den Arkturos die rosige Eos, dann, mein Perses, pflück und bring nach Hause die Trauben, zeig die Früchte der Sonne zehn Tage und Nächte und laß sie Fünf im Schatten beisammen, am sechsten schöpfe in Fässer des Dionysos Gaben, des freudereichen.

Hesiod: Werke und Tage

Herbstbild

Dies ist ein Herbsttag, wie ich keinen sah!
Die Luft ist still, als atmete man kaum,
Und dennoch fallen raschelnd, fern und nah,
Die schönsten Früchte ab von jedem Baum.

O stört sie nicht, die Feier der Natur!
Dies ist die Lese, die sie selber hält,
Denn heute löst sich von den Zweigen nur,
Was vor dem milden Strahl der Sonne fällt.

Friedrich Hebbel

21

September

Die schönste Zeit im Jahr, im Leben, im Jahr? Lassen Sie mich nachfühlen. [...]
Herbst? Mürrisch zieht sich die Haut der Erde zusammen, dünne Schleier legt sich die Fröstelnde über, Regenschauer fegt über die Felder und peitscht die entfleischten Baumstümpfe, die ihre hölzernen Schwurfinger zum Offenbarungseid in die Luft strecken: Hier ist nichts mehr zu holen... So sieht es auch aus... Nichts zu holen ... und der Wind verklagt die Erde, und klagend heult er um die Ecken, in enge Nasengänge wühlt er sich ein, Huuh macht er in den Stirnhöhlen, denn der Wind bekommt Prozente von den Nasendoktoren ... hochauf spritzt brauner Straßenmodder... die Sonne ist zur Kur in Abazzia ... der Herbst –?

Kurt Tucholsky: Die fünfte Jahreszeit

Herbsttag

Herr: es ist Zeit. Der Sommer war sehr groß.
Leg Deinen Schatten auf die Sonnenuhren,
und auf den Fluren laß die Winde los.

Befiehl den letzten Früchten voll zu sein;
gib ihnen noch zwei südlichere Tage,
dränge sie zur Vollendung hin und jage
die letzte Süße in den schweren Wein.

Wer jetzt kein Haus hat, baut sich keines mehr.
Wer jetzt allein ist, wird es lange bleiben,
wird wachen, lesen, lange Briefe schreiben
und wird in den Alleen hin und her
unruhig wandern, wenn die Blätter treiben.

Rainer Maria Rilke

Hälfte des Lebens

Mit gelben Birnen hänget
Und voll mit wilden Rosen
Das Land in den See,
Ihr holden Schwäne,
Und trunken von Küssen
Tunkt ihr das Haupt
Ins heilignüchterne Wasser.

Weh mir, wo nehm ich, wenn
Es Winter ist, die Blumen, und wo
Den Sonnenschein
Und Schatten der Erde?
Die Mauern stehn
Sprachlos und kalt, im Winde
Klirren die Fahnen.

Friedrich Hölderlin

Die verehrlichen Jungen, welche heuer
Meine Äpfel und Birnen zu stehlen gedenken,
Ersuche ich höflichst, bei diesem Vergnügen
Womöglich insoweit sich zu beschränken,
Daß sie daneben auf den Beeten
Mir die Wurzeln und Erbsen nicht zertreten.

Theodor Storm

Der Kürbis und die Eichel

Ein Bauersmann lag in dem Schatten einer Eiche und betrachtete eine Kürbisstaude, die an dem nächsten Gartenzaune emporwuchs. Da schüttelte er den Kopf und sagte: »Hm, hm, das gefällt mir nicht, daß die kleine, niedrige Staude dort so große, prächtige Früchte trägt, der große, herrliche Eichbaum aber nur so kleine, armselige Früchte bringt. Wenn ich die Welt erschaffen hätte, so hätte mir der Eichbaum mit lauter großen, goldgelben, zentnerschweren Kürbissen prangen müssen. Das wäre dann eine Pracht zum Ansehen gewesen!«

Kaum hatte er dieses gesagt, so fiel eine Eichel herab und traf ihn so stark auf die Nase, daß sie blutete. »O weh!« rief jetzt der erschrockene Mann, »da habe ich für meine Naseweisheit einen derben Nasenstüber bekommen. Wenn diese Eichel ein Kürbis gewesen wäre, so hätte er mir die Nase zerquetscht.«

Johann Gabriel Seidl

Ein Kürbis spricht

Mit der Zeit ich kommen bin,
Fall' auch mit der Zeit dahin.

Mensch, hierinnen sind wir gleich,
Du magst schön sein, jung und reich:
Unsre Pracht kann nicht bestehn,
Beide müssen wir vergehn.
…
Ich und meine Blätter wissen,
Daß wir dann erst fallen müssen,
Wenn der rauhe Herbst nun kümmt:
Aber du, Mensch, weißt ja nicht,
Obs nicht heute noch geschicht,
Daß dir Gott das Leben nimmt?

Ob ich gleich muß bald von hier,
Kriegst du dennoch Frucht von mir;
Wenn man dich, Mensch, wird begraben,
Was wirst du für Früchte haben?

O, ich habe schon vernommen,
Daß mein Feind, der Herbst, wird kommen,
Dessen Raub ich werden soll,
Lieber Mensch, gehab dich wohl!

Heinrich Albert

Der schöne 27. September

Ich habe keine Zeitung gelesen.
Ich habe keiner Frau nachgesehn.
Ich habe den Briefkasten nicht geöffnet.
Ich habe keinem einen Guten Tag gewünscht.
Ich habe nicht in den Spiegel gesehn.
Ich habe mit keinem über alte Zeiten gesprochen und mit keinem über neue Zeiten.
Ich habe nicht über mich nachgedacht.
Ich habe keine Zeile geschrieben.
Ich habe keinen Stein ins Rollen gebracht.

Thomas Brasch

Auf Schwalb' und Eichhorn merke bald,
wenn sie verschwunden, wirds bald kalt.

Spruch

Die Alten und die Jungen

»Unverständlich sind uns die Jungen«,
wird von den Alten beständig gesungen;
meinerseits möchte' ich's damit halten:
»Unverständlich sind mir die Alten.«
Dieses Am-Ruder-bleiben-Wollen
in allen Stücken und allen Rollen,
dieses Sich-unentbehrlich-Vermeinen
samt ihrer »Augen stillem Weinen«,
als wäre der Welt ein Weh getan –
ach, ich kann es nicht verstahn.
Ob unsre Jungen, in ihrem Erdreisten,
wirklich was Besseres schaffen und leisten,
ob dem Parnasse sie näher gekommen
oder bloß einen Maulwurfshügel erklommen,
ob sie, mit andern Neusittenverfechtern,
die Menschheit bessern oder verschlechtern,
ob sie Frieden sä'n oder Sturm entfachen,
ob sie Himmel oder Hölle machen –
eins läßt sie stehn auf siegreichem Grunde:
sie haben den Tag, sie haben die Stunde;
der Mohr kann gehen, neu Spiel hebt an,
sie beherrschen die Szene, sie sind dran.

Theodor Fontane

Weltlauf

Ein Mensch, erst zwanzig Jahre alt,
Beurteilt Greise ziemlich kalt
Und hält sie für verkalkte Deppen,
Die zwecklos sich durchs Dasein schleppen.
Der Mensch, der junge, wird nicht jünger:
Nun, was wuchs denn auf seinem Dünger?
Auch er sieht, daß trotz Sturm und Drang,
Was er erstrebt, zumeist mißlang,
Daß, auf der Welt als Mensch und Christ
Zu leben, nicht ganz einfach ist,
Hingegen leicht, an Herrn mit Titeln
Und Würden schnöd herumzukritteln.
Der Mensch, nunmehr bedeutend älter,
Beurteilt jetzt die Jugend kälter
Vergessend frühres Sich-Erdreisten:
»Die Rotzer sollen erst was leisten!«
Die neue Jugend wiedrum hält…
Genug – das ist der Lauf der Welt!

Eugen Roth

Oktober

1

Oktober

Somit muß man die Zeit folgendermaßen bestimmen: Die Zeit ist das Leben der Seele, welche in ihrer Bewegung von einer Manifestation des Lebens zur andern übergeht.

Plotin

Nicht der Jüngling ist glückselig zu preisen,
sondern der Greis, der vollendet gelebt hat.
Denn der Jüngling in seiner Vollkraft
sinnt mal auf dies, mal auf jenes
und wird vielfach vom Zufall verschlagen.
Der Greis aber ist in seinem Alter
wie in einem Hafen vor Anker gegangen
und hat die früher kaum erhofften Güter
eingeschlossen in sicheres Gedenken.

Epikur

Hat dir der Tag was gebracht?
So fragt sich am Abend der Jüngling;
Hat dir der Tag was geraubt?
Fragt sich der Mann und der Greis.

Friedrich Hebbel

Du bist so jung wie Deine Zuversicht,
so alt wie deine Zweifel,
so jung wie deine Hoffnung,
so alt wie deine Verzagtheit.

Albert Schweitzer

Sonett Nr. 60

Wie Wellen eilen zu dem Kieselstrand,
So unsre Stunden ihrem Ende zu,
Und jede wird im Laufe überrannt
Von jeder nächsten, hastend ohne Ruh.
Einmal geboren in das Meer des Lichts,
Drängt jedes Leben nach der Reife hin,
Und ist's so weit, naht Dunkel schon und Nichts,
Und Zeit, die schuf, wird zur Zerstörerin.
Die Zeit zersticht der Jugend grüne Flur,
Gräbt Linien in die Stirn, wo Schönheit lag,
Zehrt an den Kostbarkeiten der Natur,
Und nichts besteht vor ihrem Sensenschlag.
Und doch trotz ich der grausam-harten Hand,
Mein Lied, dein Preis, hält der Zerstörung stand.

William Shakespeare

Es ist alles eitel

Du siehst, wohin du siehst, nur Eitelkeit auf Erden!
Was dieser heute baut, reißt jener morgen ein;
wo jetzund Städte stehn, wird eine Wiese sein,
auf der ein Schäferskind wird spielen mit den Herden;

Was jetzund prächtig blüht, soll bald zertreten werden;
was jetzt so pocht und trotzt, ist morgen Asch und Bein;
nichts ist, das ewig sei, kein Erz, kein Marmorstein.
Jetzt lacht das Glück uns an, bald donnern die Beschwerden.

Der hohen Taten Ruhm muß wie ein Traum vergehn.
Soll denn das Spiel der Zeit, der leichte Mensch bestehn?
Ach, was ist alles dies, was wir für köstlich achten,

als schlechte Nichtigkeit, als Schatten, Staub und Wind,
als eine Wiesenblum, die man nicht wiederfindt!
Noch will, was ewig ist, kein einig Mensch betrachten.

Andreas Gryphius

7

Oktober

Ob siebzig oder siebzehn,
im Herzen eines jeden Menschen wohnt
die Sehnsucht nach dem Wunderbaren,
das erhebende Staunen beim Anblick der ewigen Sterne
und der ewigen Gedanken und Dinge.

Albert Schweitzer

Empfänger unbekannt (Retour à l'expéditeur)

Vielen Dank für die Wolken.
Vielen Dank für das Wohltemperierte Klavier
und, warum nicht, für die warmen Winterstiefel.
Vielen Dank für mein sonderbares Gehirn
und für allerhand andre verborgne Organe,
für die Luft, und natürlich für den Bordeaux.
Herzlichen Dank dafür, daß mir das Feuerzeug nicht
ausgeht,
und die Begierde, und das Bedauern, das inständige
Bedauern.
Vielen Dank für die vier Jahreszeiten,
für die Zahl e und für das Koffein,
und natürlich für die Erdbeeren auf dem Teller,
gemalt von Chardin, sowie für den Schlaf,
für den Schlaf ganz besonders,
und, damit ich es nicht vergesse,
für den Anfang und das Ende
und die paar Minuten dazwischen
inständigen Dank,
meinetwegen für die Wühlmäuse draußen im Garten
auch.

Hans Magnus Enzensberger

Mißmut

Ein Rauch verweht.
Ein Wasser verrinnt.
Eine Zeit vergeht.
Eine neue beginnt.

Warum? Wozu?
Denk' ich dein Fleisch hinweg, so bist
Du ein dünntrauriges Knochengerüst,
Allerschönstes Mädchen du.

Wer hat das Fragen aufgebracht?
Unsere Not.
Wer niemals fragte, wäre tot.
Doch kommt's drauf an, wie jemand lacht.

Bist du aus schlimmem Traum erwacht,
Ist eine Postanweisung da,
Ein Telegramm, ein guter Brief, –
Du atmest tief
Wie eine Ziehharmonika.

Joachim Ringelnatz

Am Strande

Heute sah ich wieder dich am Strand
Schaum der Wellen dir zu Füßen trieb
Mit dem Finger grubst du in den Sand
Zeichen ein, von denen keines blieb.

Ganz versunken warst du in dein Spiel
Mit der ewigen Vergänglichkeit,
Welle kam und Stern und Kreis zerfiel
Welle ging und du warst neu bereit.

Lachend hast du dich mir zugewandt
Ahntest nicht den Schmerz, den ich erfuhr:
Denn die schönste Welle zog zum Strand,
Und sie löschte deiner Füße Spur.

Marie Luise Kaschnitz

Mit vierzig Jahren

Mit vierzig Jahren ist der Berg erstiegen,
Wir stehen still und schaun zurück,
Dort sehen wir der Kindheit stilles liegen
Und dort der Jugend lautes Glück.

Noch einmal schau, und dann gekräftigt weiter
Erhebe deinen Wanderstab!
Hindehnt ein Bergesrücken sich, ein breiter,
Und hier nicht, drüben geht's hinab.

Nicht atmend aufwärts brauchst du mehr zu steigen,
Die Ebne zieht von selbst dich fort;
Dann wird sie sich mit dir unmerklich neigen,
Und eh' du's denkst, bist du im Port.

Friedrich Rückert

12
Oktober

Mit fünfzehn wandte
ich mich dem Lernen zu,
mit dreißig hatte ich festen Grund.
Mit vierzig hatte ich keine Zweifel.
Mit fünfzig erkannte ich den Willen des Himmels.
Mit sechzig war ich bereit, auf ihn zu hören.
Mit siebzig konnte ich den Wünschen
meines Herzens folgen,
ohne gegen das Rechte zu verstoßen.

Konfuzius

13

Oktober

Man wird nur alt, wenn man seinen Idealen Lebewohl sagt.

Albert Schweitzer

14

Oktober

Sieh deine Ansichten und sieh:
sie sind alt
Erinnere dich, wie gut sie einst waren!
Jetzt betrachte sie nicht
mit deinem Herzen, sondern kalt
Und sage: sie sind alt.
Komm mit mir nach Georgia
Dort, wirst du sehn, gibt es neue Ideen
Und wenn die Ideen
wieder alt aussehn
Dann bleiben wir nicht mehr da.

Bertolt Brecht

MARSCHALLIN: Da geht er hin, der aufgeblasene, schlechte Kerl, und kriegt das hübsche, junge Ding und einen Binkel Geld dazu, als müßts so sein.
Und bildet sich noch ein, daß ers ist, der sich was vergibt.
Was erzürn ich mich denn? ist doch der Lauf der Welt. Kann mich auch an ein Mädel erinnern, die frisch aus dem Kloster ist in den heiligen Ehestand kommandiert wordn.
(Nimmt den Handspiegel)
Wo ist die jetzt? Ja, such dir den Schnee vom vergangenen Jahr.
Das sag ich so:
Aber wie kann das wirklich sein,
daß ich die kleine Resi war
und daß ich auch einmal die alte Frau sein werd! …
Die alte Frau, die alte Marschallin
»Siehgst es, da geht's, die alte Fürstin Resi!«
Wie kann denn das geschehen?
Wie macht denn das der liebe Gott?
Wo ich doch immer die gleiche bin. Und wenn ers schon so machen muß,
warum laßt er mich denn zuschaun dabei,
mit gar so klarem Sinn? Warum versteckt ers nicht vor mir?
Das alles ist geheim, so viel geheim.
Und man ist dazu da, daß mans ertragt.
Und in dem »Wie« da liegt der ganze Unterschied –

Hugo von Hofmannsthal: Der Rosenkavalier

O trübe diese Tage nicht,
Sie sind der letzte Sonnenschein;
Wie lange, und es lischt das Licht,
Und unser Winter bricht herein.

Dies ist die Zeit, wo jeder Tag
Viel Tage gilt in seinem Wert,
Weil man's nicht mehr erhoffen mag,
Daß so die Stunde wiederkehrt.

Die Flut des Lebens ist dahin,
Es ebbt in seinem Stolz und Reiz,
Und sieh, es schleicht in unsern Sinn
Ein banger, nie gekannter Geiz;

Ein süßer Geiz, der Stunden zählt
Und jede prüft auf ihren Glanz –
O sorge, daß uns keine fehlt,
Und gönn uns jede Stunde ganz.

Theodor Fontane

17. Oktober

Ein Sturm hat gestern nacht die Bäume kahlgefegt und das Grün vor meinen Fenstern in ein Gitterwerk von nackten Ästen verwandelt. Die entscheidenden Veränderungen des Jahres geschehen plötzlich, meist über Nacht. Und so haben denn nun endgültig die Wochen begonnen, da in den Lyrikspalten unserer Zeitungen die Leute mit jenen düsteren Erkenntnissen und trüben Ahnungen zu Worte kommen, denen sie ihre Sinne zu froheren Jahreszeiten blind und wohlgemut verschließen.

Wolfgang Hildesheimer: Aus meinem Tagebuch

Oktober-Narr

Oktoberlicht! Oktoberbrand!
Oktobermond. Oktoberland.
Oktoberdunst. Oktoberstrahl.
Oktoberhimmels Frühopal!
Oktoberabends Rauchtopas.
Oktoberlaub. Oktobergras.
Oktobrisch leis, oktobrisch hold,
Oktobrisch rot, Oktobergold.
Oktoberschnee! Oktoberblau!
Oktoberweh. Oktoberfrau.
Oktober-Ruch. Oktober-Traum.
Oktoberfrucht. Oktoberflaum.
Oktoberschrei. Oktoberblut.
Oktoberhirsch. Oktoberwut.
Oktoberrausch! Oktoberflug!
Oktobermost! Oktoberkrug!
Oktoberton – Oktoberschwan –
Oktober-Gott! Oktober-Pan!!
Oktobertod. Oktoberflut.
Oktobersaat. Oktoberbrut.
Oktoberkeim. Oktoberkern.
Glanz, Strahl und Wunsch –
Oktoberstern!

Carl Zuckmayer

Herbst

Die Blätter fallen, fallen wie von weit,
als welkten in den Himmeln ferne Gärten;
sie fallen mit verneinender Gebärde.

Und in den Nächten fällt die schwere Erde
aus allen Sternen in die Einsamkeit.

Wir alle fallen. Diese Hand da fällt.
Und sieh dir andre an: es ist in allen.

Und doch ist Einer, welcher dieses Fallen
unendlich sanft in seinen Händen hält.

Rainer Maria Rilke

Kalifornischer Herbst

Ich sah ein großes Herbstblatt, das der Wind
Die Straße lang trieb, und ich dachte: Schwierig
Den künftigen Weg des Blattes auszurechnen!

Bertolt Brecht

21

Oktober

Wehe, wohin sind alle meine Jahre entschwunden? Habe ich mein Leben geträumt oder ist es wirklich? Was ich immer für etwas hielt, was da wäre, war das alles etwas? Demnach hab ich, ohne es zu wissen, geschlafen. Jetzt bin ich aufgewacht und kenne nicht mehr, was mir früher bekannt war wie meine Hand. Die Leute und das Land, in dem ich von Kind an erzogen worden bin, die sind mir fremd geworden, gerade als sei es unwahr. Mit denen ich herumgespielt habe, die sind jetzt träge und alt; wüst ist das Feld, umgehauen ist der Wald; flösse nicht das Wasser, wie es einstens floß, so würde mein Leid, möchte ich glauben, wahrlich groß. Mich grüßt mancher lässig, der mich früher gut kannte. In der Welt ist es überall trostlos. Sowie ich manches herrlichen Tages gedenke, die mir entglitten sind wie ein Schlag ins Meer – immerdar: wehe!

Walther von der Vogelweide

Der Mensch

Empfangen und genähret
vom Weibe wunderbar,
kömmt er und sieht und höret
und nimmt des Trugs nicht wahr;
gelüstet und begehret,
und bringt sein Tränlein dar;
verachtet und verehret,
hat Freude und Gefahr;
glaubt, zweifelt, wähnt und lehret,
hält nichts und alles wahr;
erbauet und zerstöret
und quält sich immerdar;
schläft, wachet, wächst und zehret,
trägt braun und graues Haar.
Und alles dieses währet,
wenn's hoch kömmt, achtzig Jahr.
Dann legt er sich zu seinen Vätern nieder,
und er kömmt nimmer wieder.

Matthias Claudius

Vorschlag

Ramme einen Pfahl
in die dahinschießende Zeit.
Durch deine Hand rinnt der Sand
und bildet Formlosigkeiten,
die sogleich auf Nimmerwiedersehen
in sich selbst einsinken:
vertanes Leben.
Was du nicht erschaffst, du
bist es nicht. Dein Sein nur Gleichung
für Tätigsein: Wie will denn,
wer nicht Treppen zimmert,
über sich hinausgelangen?
Wie will heim zu sich selber finden,
der ohne Weggenossen?
Hinterlaß mehr als die Spur
deiner Tatze, das Testament
ausgestorbner Bestien, davon die Welt
übergenug schon erblickt.
Ramme einen Pfahl ein. Ramme
einen einzigen, einen neuen Gedanken
als geheimes Denkmal
deiner einmaligen Gegenwart
in den Deich
gegen die ewige Flut.

Günter Kunert

Strömung

So weit im Leben und so nah am Tod,
daß ich mit niemand darum rechten kann,
reiß ich mir von der Erde meinen Teil;

dem stillen Ozean stoß ich den grünen Keil
mitten ins Herz und schwemm mich selber an.

Zinnvögel steigen auf und Zimtgeruch!
Mit meinem Mörder Zeit bin ich allein.
In Rausch und Bläue puppen wir uns ein.

Ingeborg Bachmann

Lied meines Lebens
Leo Kestenberg und seiner Grete

Sieh in mein verwandertes Gesicht …
Tiefer beugen sich die Sterne.
Sieh in mein verwandertes Gesicht.

Alle meine Blumenwege
Führen auf dunkle Gewässer,
Geschwister, die sich tödlich stritten.

Greise sind die Sterne geworden …
Sieh mein verwandertes Gesicht.

Else Lasker-Schüler

Mit den Jahren runzelt die Haut,
mit dem Verzicht auf Begeisterung aber runzelt die Seele.

Albert Schweitzer

Das Alter

Das Alter ist ein höflich Mann:
Einmal übers andre klopft er an,
aber nun sagt niemand: Herein!
Und vor der Türe will er nicht sein.
Da klinkt er auf, tritt ein so schnell,
und nun heißt's, er sei ein grober Gesell.

Johann Wolfgang von Goethe

Vergebliche Mühe

Ein Mensch, der willens, lang zu leben
Beschließt dem Tod zu widerstreben
Und a) durch strenges Selbstbelauern
Die Krisenzeit zu überdauern
Und b) zu hindern die Vermorschung
Durch wissenschaftlich ernste Forschung.
Zu letzterm Zwecke wird bezogen
Ein Horoskop beim Astrologen,
Um nicht bezüglich der Planeten
In eine falsche Bahn zu treten.
Ist so gebannt Saturnens Kraft,
Hilft weiterhin die Turnerschaft,
Die Rümpfe rollend, Kniee beugend,
Ganz zweifellos wirkt kräftezeugend.
Die Rohkost birgt das Vitamin;
Wein und Tabak, er gibt sie hin.
Auch gilts den Vorrat an Hormonen
In reiferm Alter streng zu schonen.
So braut er sich den Lebenssaft
Aus ausgekochter Wissenschaft.
Ein Mensch, wie dieser, muß auf Erden
Unfehlbar hundertjährig werden.
Das Schicksal aber, das nicht muß,
Macht unversehens mit ihm Schluß.

Eugen Roth

Verzug schadet selten

Lehre meinem Kanarienvogel, sprach ein Tyrann zu einem Philosofen, den Homer, daß er ihn auswendig hersagen kann, oder geh aus dem Lande; unternimmst du es, und es gelingt nicht, so mußt du sterben. – Ich will es ihm lehren, sprach der Weise, aber ich muß zehn Jahre Zeit haben. – Warum warst du so thöricht, fragten ihn hernach seine Freunde, und unternahmst etwas Unmögliches? Lächelnd antwortete er: In zehn Jahren bin ich oder der Tyrann oder der Vogel gestorben.

Novalis

Der Geizhals

Ein Geizhals hatte 500 000 indische Dinar gehortet und beschloß, ein Jahr angenehm zu leben, ehe er überlegen wollte, wie dieses Geld am besten anzulegen sei. Aber plötzlich erschien der Engel des Todes neben ihm und forderte sein Leben.

Der Mann bat und bettelte mit tausend guten Gründen, ihn noch etwas länger leben zu lassen, aber der Engel war unerbittlich. »Laß mir noch drei Tage Zeit«, bat er, »und ich werde dir die Hälfte meines Vermögens geben.« Der Engel wollte nichts davon wissen und begann, ihn wegzuzerren. »Ich bitte dich, gib mir nur noch einen Tag, und du kannst alles haben, was ich mit soviel Schweiß und Mühe erworben habe.« Der Engel blieb hart.

Ein kleines Zugeständnis konnte er dem Engel jedoch abringen – einige wenige Minuten, um eine Nachricht aufzuschreiben:

»Wer Du auch seist, der diese Nachricht findet, vertue nicht Deine Zeit, Glücksgüter anzuhäufen, wenn Du genug zum Leben hast. Lebe! Meine 500 000 Dinar konnten mir nicht eine Stunde Leben erkaufen!«

Verfasser unbekannt

31

Oktober

Ist es nicht so, als sei ich langsam und auf großen Umwegen aus einem Mann ein Kind geworden, aus einem Denker ein Kindermensch? Und doch ist dieser Weg sehr gut gewesen, und doch ist der Vogel in meiner Brust nicht gestorben. Aber welch ein Weg war das! Ich habe durch so viel Dummheit, durch so viel Laster, durch so viel Irrtum, durch so viel Ekel und Enttäuschung und Jammer hindurchgehen müssen, bloß um wieder ein Kind zu werden und neu anfangen zu können. Aber es war richtig so, mein Herz sagt ja dazu, meine Augen lachen dazu. Ich habe Verzweiflung erleben müssen, ich habe hinabsinken müssen bis zum törichtesten aller Gedanken, zum Gedanken des Selbstmordes, um Gnade erleben zu können, um wieder Om zu vernehmen, um wieder richtig schlafen und richtig erwachen zu können. Ich habe ein Tor werden müssen, um Atman wieder in mir zu finden. Ich habe sündigen müssen, um wieder leben zu können. Wohin noch mag mein Weg mich führen? Närrisch ist er, dieser Weg, er geht in Schleifen, er geht vielleicht im Kreise. Mag er gehen, wie er will, ich will ihn gehen.

Hermann Hesse: Siddhartha

November

Frage und Antwort

»Der die Welt erfuhr,
Faltig und ergraut,
Narb an Narbenspur
Auf gefurchter Haut,

Den die Not gehetzt,
Den der Dämon trieb –
Sage, was zuletzt
Dir verblieb.«

»Was aus Schmerzen kam,
War Vorübergang.
Und mein Ohr vernahm
Nichts als Lobgesang.«

Werner Bergengruen

2
November

Alles leert sich und füllt sich aus
Nach dem Rhythmus des Ewigen
Und so sagen wir die Wahrheit
Die Jugend ist Reichtum
Das Alter ist Reichtum
Der Ozean ist Reichtum
Und die Welt eine Fundgrube
Der Winter ist ein Pelz
Der Sommer ein frisches Getränk
Und der Herbst eine Milch zum Willkomm
Der Frühling das ist der Morgen
Und der Mund ist ein Morgen
Und die unsterblichen Augen
Schmiegen sich aller Gestalt

Wir beide wir leben nur um dem Leben
Treu zu sein

Paul Eluard: aus Fortwährende Dichtung

Auf den alten Stationen

Auf den kleinen alten Stationen,
Die mein eigner Zug schon längst verlassen,
Ahn ich das Gedränge von Personen,
Die am Bahntrakt auf die Abfahrt passen.

Und ich möchte fast mich überheben
Über sie, die warten am Geleise,
Daß ich schon so weit auf meiner Reise
Vorgedrungen bin im Rüttel-Leben,

Daß ich kenne Brücken und Tunnelle,
Meer- und See- und Fels- und Stadtkulissen,
Daß mir gellen Aug und Ohr von Wissen.
Jenen unbekannt an ihrer Stelle,

Daß sie werden noch im Zeit-Zug sitzen,
Stumpf am Fenster schauen Funkenspiele
Und der tragischen Signale Blitzen,
Wenn ich ausgestiegen längst am Ziele.

Franz Werfel

Augenblicke

Wenn ich mein Leben noch einmal leben könnte, im nächsten Leben, würde ich versuchen, mehr Fehler zu machen. Ich würde nicht so perfekt sein wollen, ich würde mich mehr entspannen.
Ich wäre ein bißchen verrückter, als ich gewesen bin, ich würde viel weniger Dinge so ernst nehmen. Ich würde nicht so gesund leben.
Ich würde mehr riskieren, würde mehr reisen, Sonnenuntergänge betrachten, mehr bergsteigen, mehr in Flüssen schwimmen.
Ich war einer dieser klugen Menschen, die jede Minute ihres Lebens fruchtbar verbrachten; freilich hatte ich auch Momente der Freude, aber wenn ich noch einmal anfangen könnte, würde ich versuchen, nur mehr gute Augenblicke zu haben.
Falls du es noch nicht weißt, aus diesen besteht nämlich das Leben; nur aus Augenblicken; vergiß nicht den jetzigen.
Wenn ich noch einmal leben könnte, würde ich von Frühlingsbeginn an bis in den Spätherbst hinein barfuß gehen.
Und ich würde mehr mit Kindern spielen, wenn ich das Leben noch vor mir hätte. Aber sehen Sie…, ich bin 85 Jahre alt und weiß, daß ich bald sterben werde.

Verfasser unbekannt

5
November

Ich lebe mein Leben in wachsenden Ringen,
die sich über die Dinge ziehn.
Ich werde den letzten vielleicht nicht vollbringen,
aber versuchen will ich ihn.

Ich kreise um Gott, um den uralten Turm,
und kreise jahrtausendelang;
und weiß noch nicht: bin ich ein Falke, ein Sturm
oder ein großer Gesang.

Rainer Maria Rilke

6
November

Stufen

Wie jede Blüte welkt und jede Jugend
Dem Alter weicht, blüht jede Lebensstufe,
Blüht jede Weisheit auch und jede Tugend
Zu ihrer Zeit und darf nicht ewig dauern.
Es muß das Herz bei jedem Lebensrufe
Bereit zum Abschied sein und Neubeginne,
Um sich in Tapferkeit und ohne Trauern
In andre, neue Bindungen zu geben.
Und jedem Anfang wohnt ein Zauber inne,
Der uns beschützt und der uns hilft, zu leben.

Wir sollen heiter Raum um Raum durchschreiten,
An keinem wie an einer Heimat hängen,
Der Weltgeist will nicht fesseln uns und engen,
Er will uns Stuf' um Stufe heben, weiten.
Kaum sind wir heimisch einem Lebenskreise
Und traulich eingewohnt, so droht Erschlaffen,
Nur wer bereit zu Aufbruch ist und Reise,
Mag lähmender Gewöhnung sich entraffen.

Es wird vielleicht auch noch die Todesstunde
Uns neuen Räumen jung entgegen senden,
Des Lebens Ruf an uns wird niemals enden …
Wohlan denn, Herz, nimm Abschied und gesunde!

Hermann Hesse

ein schritt durch räume
(zu den arbeiten von Heribert Losert)

ein schritt durch räume
in den nächsten raum
und hinter jeder tür
dieselbe frage
du wächst durch scheiben
und du bleibst zurück

in jedem teil der welt
ein stückchen du

das sieb hat dich gehalten
und berührt
sekunden
sind in bildern zeit geworden
du lebst
davor
danach
und
in der mitte

Dietmar Scholz

8

November

Aber weil Hiersein viel ist, und weil uns scheinbar
alles das Hiesige braucht, dieses Schwindende, das
seltsam uns angeht. Uns, die Schwindendsten. Ein Mal
jedes, nur ein Mal. Ein Mal und nicht mehr. Und wir auch
ein Mal. Nie wieder. Aber dieses
ein Mal gewesen zu sein, wenn auch nur ein Mal:
irdisch gewesen zu sein, scheint nicht widerrufbar.

Rainer Maria Rilke: aus Die neunte Duineser Elegie

Das Ewige

Hemme des Werdestromes Fluß,
Reiß aus dem Herzen Lust und Leid.
Wer weiß, wie Werden enden muß,
Schaut ungewordne Ewigkeit.

Dhammapada

Schlußstück

Der Tod ist groß,
Wir sind die Seinen
Lachenden Munds.
Wenn wir uns mitten im Leben meinen,
Wagt er zu weinen
Mitten in uns.

Rainer Maria Rilke

Tief in den Himmel verklingt
Traurig der letzte Stern.
Noch eine Nachtigall singt
Fern – fern.
Geh schlafen, mein Herz, es ist Zeit.
Kühl weht die Ewigkeit.
Matt im Schoß liegt die Hand,
Einst so tapfer am Schwert.
War, wofür du entbrannt,
Kampfes wert?
Geh schlafen, mein Herz, es ist Zeit.
Kühl weht die Ewigkeit.

Ricarda Huch

Es ist an der Zeit
Die Zeit zu verlieren
Und mein Lied zu bestellen

Edda Löhr

Es kommt eine Zeit

Kein Zweifel, es kommt eine Zeit,
Da auch die Sonne stirbt und die Planeten erfrieren;
die Lufthülle wird erstarren; gefrorene Gase,
weiße Flocken aus Luft,
Werden der Staub sein, den kein Wind je bewegt:
derselbe Staub, der im Sternenlicht flirrt,
Ist erstorbener Wind, weißer Leichnam des Windes.
Auch die Galaxis wird sterben; die glitzernde
Milchstraße, unser Weltall, all die Sterne,
die wir bei Namen kennen, werden tot sein.
Steil ist die Nacht. Wie du gewachsen bist, Nacht, auf
deinem Gang durch die leeren Welträume, erhaben!

Robinson Jeffers

Klage

Schlaf und Tod, die düstern Adler
Umrauschen nachtlang dieses Haupt:
Des Menschen goldnes Bildnis
Verschlänge die eisige Woge
Der Ewigkeit. An schaurigen Riffen
Zerschellt der purpurne Leib.
Und es klagt die dunkle Stimme
Über dem Meer.
Schwester stürmischer Schwermut
Sieh ein ängstlicher Kahn versinkt
Unter Sternen,
Dem schweigenden Antlitz der Nacht.

Georg Trakl

15

November

Die Sonnenbarke steht still und fährt nicht weiter,
die Sonne verharrt an ihrer gestrigen Stelle.
Die Opfer sind aufgehalten, die Tempel verschlossen,
Finsternis geht um, die Zeiteinheiten werden nicht geschieden,
die Figuren des Schattens sind nicht zu beobachten.
Die Quellen sind verstopft, das Gras verdorrt,
das Leben ist den Lebenden entzogen.

Altägyptischer Text

16
November

Die Zeit ist aus den Fugen geraten.

Redensart

Du grämst dich, wo kein Gram besteht,
Und unbesonnen redest du:
Ob einer lebt, ob einer stirbt,
Der Weise trauert keinem nach.

Nie bin ich nicht gewesen je,
Noch du, noch diese Herrscher hier,
Und niemals werden nicht wir sein,
Wir alle, durch die Zeiten hin.

Gleichwie der Leib im Leben schon
Aus Jugendblüte Alter zeugt,
Erzeugt sich wieder neu der Leib:
Der Weise merkt es, zittert nicht.

Gebilde fühlst du außer dir,
Fühlst Kälte, Hitze, Freud' und Leid:
Vergänglich gehn sie, kommen sie,
Geduldig sei besonnen da.

Denn wer da nimmer wird gerührt,
Im Geiste männlich mutbegabt,
In Leiden gleich, in Freuden gleich,
Gewinnt allmählich Ewigkeit.

Vishnupuránam: Krishnas Weltengang

Mir sank das Wirken in die Nacht.
Kein schönes Lied wird euch vermacht.
Die Stunde ruft; da muß ich mit.
So lebet wohl! Gebt auf euch acht.

Scheidelied des Meisters Ko-tjin

19

November

Jahre kommen und vergehen, die Menschen kommen und gehen, und die Zeit und die Menschen wollen mir wohl, und ich habe meinen Platz unter der Sonne.

Ingeborg Bachmann: Auch ich habe in Arkadien gelebt

Ganz plötzlich ist der Park gestorben, streckt kahle Äste in den windigen Himmel, zeigt auf den Staudenbeeten graues Gestachel und Gewöll. Als ich vor kurzem, die letzten Rosen blühten noch, Ingeborg Bachmann den Park zeigte, [...] sagte sie großzügig, man sollte dir den Park schenken, und ich antwortete erstaunt, aber es braucht ihn mir doch niemand zu schenken, er gehört mir doch, die wenigen Leute, die da umhergehen, würde ich ohnehin hereinlassen, er gehört mir. Er gehört mir auch heute, in all seiner Schäbigkeit, ich kann ihn nicht verleugnen, obwohl ich ihm gern den Rücken zugedreht hätte, bis an den Weiden das erste junge Grün erscheint. Ich muß ihm beistehen wie einem Kranken. Die fahle Rasenhaut, die blinden Teiche, daß wir das jedes Jahr wieder erleben müssen, dieses jämmerliche Sterben, und nicht ausweichen können in die heißen Länder oder in lauter Stein und Asphalt. Weil er mir gehört, der Park, kann ich nicht ausweichen, muß bleiben, den ganzen November, Dezember und die Schneemonate, und auf ihn achtgeben und auf das wachsende Licht. Ja, das bilde ich mir ein, obwohl ich weiß, daß seine Krankheit eine zum Tode nicht ist, daß jetzt seine Knospen schon vorgebildet werden, während mich, seine Trösterin, vor dem endgültigen Untergehen niemand retten kann.

Marie Luise Kaschnitz: Orte

im herbst

im herbst
ein tag wie im mai
lichtblau und golden
der himmel

doch
mich
friert

es ist
november
geworden
die sonne
täuscht
keinen mehr

Dietmar Scholz

Im Nebel

Seltsam, im Nebel zu wandern!
Einsam ist jeder Busch und Stein,
Kein Baum sieht den andern,
Jeder ist allein.

Voll von Freunden war mir die Welt,
Als noch mein Leben licht war;
Nun, da der Nebel fällt,
Ist keiner mehr sichtbar.

Wahrlich, keiner ist weise,
Der nicht das Dunkel kennt,
Das unentrinnbar und leise
Von allen ihn trennt.

Seltsam, im Nebel zu wandern!
Leben ist Einsamsein.
Kein Mensch kennt den andern,
Jeder ist allein.

Hermann Hesse

Vereinsamt

Die Krähen schrein
Und ziehen schwirren Flugs zur Stadt:
Bald wird es schnein. –
Wohl dem, der jetzt noch – Heimat hat!

Nun stehst du starr,
Schaust rückwärts, ach! wie lange schon!
Was bist du Narr
Vor Winters in die Welt entflohn?

Die Welt – ein Tor
Zu tausend Wüsten stumm und kalt!
Wer das verlor,
Was du verlorst, macht nirgends halt.

Nun stehst du bleich,
Zur Winter-Wanderschaft verflucht,
Dem Rauche gleich,
Der stets nach kältern Himmeln sucht.

Flieg, Vogel, schnarr
Dein Lied im Wüstenvogel-Ton! –
Versteck, du Narr,
Dein blutend Herz in Eis und Hohn!

Die Krähen schrein
Und ziehen schwirren Flugs zur Stadt:
Bald wird es schnein, –
Weh dem, der keine Heimat hat!

Friedrich Nietzsche

Exemplarische Herbstnacht

Nachts sind die Straßen so leer.
Nur ganz mitunter
markiert ein Auto Verkehr.
Ein Rudel bunter, raschelnder Blätter jagt hinterher.

Die Blätter jagen und hetzen.
Und doch weht kein Wind.
Sie rascheln wie Fetzen und hetzen
und folgen geheimen Gesetzen,
obwohl sie gestorben sind.

Nachts sind die Straßen so leer.
Die Lampen brennen nicht mehr.
Man geht und möchte nicht stören.
Man könnte das Gras wachsen hören,
wenn Gras auf den Straßen wär.

Der Himmel ist kalt und weit.
Auf der Milchstraße hat's geschneit.
Man hört seine Schritte wandern,
als wären es Schritte von andern,
und geht mit sich selber zu zweit.

Nachts sind die Straßen so leer.
Die Menschen legten sich nieder.
Nun schlafen sie, treu und bieder.
Und morgen fallen sie wieder
übereinander her.

Erich Kästner

25

November

Wie wäre es, wenn vielleicht die Zeit und der Raum gar nichts Wirkliches wären? Wenn sie nur die Einrahmungen wären, in denen unsere Vorstellungen haften müssen, das Gesetz für unsere Vorstellungen, dem wir nicht zu entrinnen vermögen? Dann wäre Gott und es wären vielleicht auch andere Geister in der Zeitlosigkeit oder eigentlich Ewigkeit. Dann ist keine Zukunft, also auch kein Wissen in die Zukunft, sondern ein Wissen überhaupt, und der Zwiespalt zwischen der Voraussicht Gottes und der Freiheit unserer Handlungen ist nicht da. Dann erklärt sich auch unser Unvermögen, den unendlichen Raum und die unendliche Zeit zu fassen, weil wir da über den Kreis unserer Vorstellungen hinausgegangen sind und uns der Rahmen unserer Vorstellungen verläßt.

Adalbert Stifter: Der Silvesterabend

Wasser floß ihm in den Mund, und er trank. Von allen Seiten, durch alle Sinne floß Wasser herein, alles löste sich auf. Er wurde angesogen, er wurde eingeatmet... Wie gut, daß auch diese Erkenntnis nun zu ihm kam: daß es keine Zeit gab! Das einzige, was zwischen Alter und Jugend, zwischen Babylon und Berlin, zwischen Gut und Böse, Geben und Nehmen stand, das einzige, was die Welt mit Unterschieden, Wertungen, Leid, Streit, Krieg erfüllte, war der Menschengeist, der junge ungestüme und grausame Menschengeist im Zustand der tobenden Jugend, noch fern vom Wissen, noch weit von Gott. Er erfand Gegensätze, er erfand Namen. Dinge nannte er schön, Dinge häßlich, diese gut, diese schlecht. Ein Stück Leben wurde Liebe genannt, ein andres Mord. So war dieser Geist, jung, töricht, komisch. Eine seiner Erfindungen war die Zeit. Eine feine Erfindung, ein raffiniertes Instrument, sich noch inniger zu quälen und die Welt vielfach und schwierig zu machen! Von allem, was der Mensch begehrte, war er immer nur durch Zeit getrennt, nur durch diese Zeit, diese tolle Erfindung! Sie war eine der Stützen, eine der Krücken, die man vor allem fahren lassen mußte, wenn man frei werden wollte.

Hermann Hesse: Klein und Wagner

Sils-Maria

Hier saß ich, wartend, wartend – doch auf Nichts,
Jenseits von Gut und Böse, bald des Lichts
Genießend, bald des Schattens, ganz nur Spiel,
Ganz See, ganz Mittag, ganz Zeit ohne Ziel.
Da, plötzlich, Freundin! wurde Eins zu Zwei –
– Und Zarathustra ging an mir vorbei...

Friedrich Nietzsche

Eine Wolke ruht am Höhlenrand
Reglos den ganzen Tag.
Das Mondlicht durchdringt die Wellen bei Nacht.
Doch im Wasser bleibt keine Spur.

Genro

Fausts Wette

FAUST: Werd' ich zum Augenblicke sagen:
Verweile doch! du bist so schön!
Dann magst du mich in Fesseln schlagen,
Dann will ich gern zugrunde gehn!
Dann mag die Totenglocke schallen,
Dann bist du deines Dienstes frei,
Die Uhr mag stehn, der Zeiger fallen,
Es sei die Zeit für mich vorbei!

Johann Wolfgang von Goethe: Faust I

Fausts Tod

FAUST: Ja, diesem Sinne bin ich ganz ergeben,
Das ist der Weisheit letzter Schluß:
Nur der verdient sich Freiheit wie das Leben,
Der täglich sie erobern muß.
Und so verbringt, umrungen von Gefahr,
Hier Kindheit, Mann und Greis sein tüchtig Jahr
Solch ein Gewimmel möcht ich sehn,
Auf freiem Grund mit freiem Volke stehn.
Zum Augenblicke dürft' ich sagen:
Verweile doch, du bist so schön!
Es kann die Spur von meinen Erdetagen
Nicht in Äonen untergehn. –
Im Vorgefühl von solchem hohen Glück
Genieß' ich jetzt den höchsten Augenblick.
(Faust sinkt zurück, die Lemuren fassen ihn auf und legen ihn auf den Boden.)
MEPHISTO: Ihn sättigt keine Lust, ihm gnügt kein Glück,
So buhlt er fort nach wechselnden Gestalten;
Den letzten, schlechten, leeren Augenblick,
Der Arme wünscht ihn festzuhalten.
Der mir so kräftig widerstand,
Die Zeit wird Herr, der Greis hier liegt im Sand.
Die Uhr steht still –

Johann Wolfgang von Goethe: Faust II

Dezember

Eigentum

Ich weiß, daß mir nichts angehört
Als der Gedanke, der ungestört
Aus meiner Seele will fließen,
Und jeder günstige Augenblick,
Den mich ein liebendes Geschick
Von Grund aus läßt genießen.

Johann Wolfgang von Goethe

Aus den Wolken muß es fallen,
Aus der Götter Schoß, das Glück,
Und der mächtigste von allen
Herrschern ist der Augenblick.

Friedrich Schiller:
aus Die Gunst des Augenblicks

3

Dezember

Spalt' hundertmal des Haars Spitze
Und nimm davon ein Hundertstel,
Das denk' als Größe der Seele.
Und sie wird zur Unendlichkeit.

aus den Upanishaden

Ein Wort

Ein Wort, ein Satz –: aus Chiffren steigen
erkanntes Leben, jäher Sinn,
die Sonne steht, die Sphären schweigen
und alles ballt sich zu ihm hin.

Ein Wort –, ein Glanz, ein Flug, ein Feuer;
ein Flammenwurf ein Sternenstrich –,
und wieder Dunkel ungeheuer,
im leeren Raum um Welt und Ich.

Gottfried Benn

Advent

Es treibt der Wind im Winterwalde
die Flockenherde wie ein Hirt,
und manche Tanne ahnt, wie balde
sie fromm und lichterheilig wird;
und lauscht hinaus. Den weißen Wegen
streckt sie die Zweige hin – bereit,
und wehrt dem Wind und wächst entgegen
der einen Nacht der Herrlichkeit.

Rainer Maria Rilke

Heiliger Nikolaus, leg' mir ein
Äpfel, Birnen, Nüsselein,
Strümpf' und Schuhe muß ich haben,
kann ich den Winter Schlitten fahren.

Spruch

7

Dezember

LEONCE: Zu viel! Zu viel! Mein ganzes Sein ist in dem einen Augenblick. Jetzt stirb! Mehr ist unmöglich. Wie frischatmend, schönheitglänzend ringt die Schöpfung sich aus dem Chaos mir entgegen! Die Erde ist eine Schale von dunklem Gold – wie schäumt das Licht in ihr und flutet über ihren Rand, und hellauf perlen daraus die Sterne. Dieser eine Tropfen Seligkeit macht mich zu einem köstlichen Gefäß. Hinab, heiliger Becher!

Georg Büchner: Leonce und Lena

8

Dezember

Der Augenblick ist jenes Zweideutige, worin die Zeit und die Ewigkeit einander berühren; hiermit ist der Begriff *Zeitlichkeit* gesetzt, in der die Zeit die Ewigkeit ständig hemmt und die Ewigkeit die Zeit ständig durchdringt. Erst jetzt erhält die vorhin erwähnte Einteilung ihre Bedeutung: die gegenwärtige Zeit, die vergangene Zeit, die zukünftige Zeit.

Sören Kierkegaard: Der Begriff der Angst

Die Neugier des Menschen durchforscht Vergangenheit und
Zukunft
Und klammert sich an diese Dimension. Jedoch den Punkt,
Wo sich Zeitloses schneidet mit Zeit, zu erkennen,
Ist eine Beschäftigung für Heilige –
Nicht Beschäftigung nur, sondern etwas, das gegeben
Und genommen wird durch das Absterben eines ganzen
Lebens
In Liebe, Eifer, Selbstlosigkeit und Selbstentäußerung.
Die meisten von uns kennen nur den unaufmerksamen
Augenblick, den Augenblick in und außer der Zeit,
Den Wachtraum, verloren im Sonnenstrahl,
Den ungesehenen Thymian, das Wetterleuchten im Winter,
Den Wasserfall oder Musik, so innig gehört,
Daß sie nicht gehört wird, weil man selbst die Musik ist
Solange sie forttönt. Das sind nur Winke und Ahnungen,
Winke, denen Ahnungen folgen; alles Weitere aber
Ist Gebet, Ehrerbietung, Selbstzucht, Denken und Tun.
Der halb erahnte Wink, die halb verstandene Gabe ist
Inkarnation.
Hier wird die unmögliche Einheit
Der Sphären des Seins Ereignis.
Hier werden Vergangenes und Künftiges
Überwunden und ausgesöhnt …

T. S. Eliot: aus Vier Quartette. Die Dry Salvages V

10

Dezember

Buddha wurde einmal gefragt: »Wer ist heilig?« Er antwortete: »Jede Stunde ist in Sekunden eingeteilt und jede Sekunde in Sekundenbruchteile. Wer in jedem Bruchteil einer Sekunde voll bewußt gegenwärtig ist, ist wahrlich ein heiliger Mensch.«

Anthony de Mello

11

Dezember

Ein *anderer* Sinn von der »Erfüllung der Zeit«. Wer die Kunst besäße und die Macht, daß er die Zeit und alles, was in den sechstausend Jahren geschehen ist, und noch geschehen wird bis an das Ende, wieder zusammenziehen könnte in ein gegenwärtiges Jetzt, das wäre »Erfüllung der Zeit«. Das ist das Jetzt der Ewigkeit, wo die Seele in Gott *alle* Dinge neu und frisch und gegenwärtig gewahrt, mit all der Lust, wie ich sie jetzt nur am sinnlich Gegenwärtigen habe.

Meister Eckehart

Jetzt-Schraube. Könnte es sein, daß das Jetzt eine Schraube ist? Wenn ich in einem im Kreis fahrenden kreisförmigen Zug sitze, läßt sich das zeigen. Dann schließen sich die nebeneinanderliegenden Momente der Gleichzeitigkeit nicht zum geschlossenen Ring wie auf dem Bahnsteig, sondern bilden eine Schraube. Das heißt, die Gleichzeitigkeit kommt versetzt zu sich selbst im Kreis zurück. Um ziemlich genau eine Picosekunde versetzt, wenn der Zugradius 1 km ist und die Zuggeschwindigkeit 100 Kilometer pro Stunde. Denn auch bei einem geraden Zug gehen die Uhren vorne gegenüber der Bahnsteiguhr vor und hinten nach. Diese Einstein-Kippung der Gleichzeitigkeit ergibt, im Kreis gefahren, eine Schraube. Das ist leicht zu überprüfen und sozusagen unbezweifelbar. Nur: Dann muß die äußere Welt – der Bahnsteig für die Leute im Zug, das Weltall für die Leute auf der Erde – Zeitschleifen aufweisen. Das Gefängnis des Jetzt bekäme ein Loch. Das Würmchen könnte aus der Erde lugen.
(Für J. O. R.)

Otto E. Rössler

Denn es ist ja etwas völlig Unbenanntes und auch wohl kaum Benennbares, das in solchen Augenblicken irgendeine Erscheinung meiner alltäglichen Umgebung mit einer überschwellenden Flut höheren Lebens wie ein Gefäß erfüllend, mir sich ankündet. […] Eine Gießkanne, ein Hund in der Sonne, ein ärmlicher Friedhof, ein Krüppel, ein kleines Bauernhaus, alles dies kann das Gefäß meiner Offenbarung werden. Jeder dieser Gegenstände und die tausend anderen ähnlichen, über die sonst ein Auge mit selbstverständlicher Gleichgültigkeit hinweggleitet, kann für mich plötzlich in irgendeinem Moment, den herbeizuführen auf keine Weise in meiner Gewalt steht, ein erhabenes und rührendes Gepräge annehmen, das auszudrücken mir alle Worte zu arm scheinen. Ja, es kann auch die bestimmte Vorstellung eines abwesenden Gegenstandes sein, dem die unbegreifliche Auserwählung zuteil wird, mit jener sanft und jäh steigenden Flut göttlichen Gefühles bis an den Rand gefüllt zu werden … In diesen Augenblicken wird eine nichtige Kreatur, ein Hund, eine Ratte, ein Käfer, ein verkümmerter Apfelbaum, ein sich über den Hügel schlängelnder Karrenweg, ein moosbewachsener Stein mir mehr, als die schönste, hingebendste Geliebte der glücklichsten Nacht mir je gewesen ist.

Hugo von Hofmannsthal: Brief des Lord Chandos

14

Dezember

Nichts ist poetischer als Erinnerung und Ahndung oder Vorstellung der Zukunft. Die Vorstellungen der Vorzeit ziehn uns zum Sterben, zum Verfliegen an. Die Vorstellungen der Zukunft treiben uns zum Beleben, zum Verkörpern, zur assimilierenden Wirksamkeit. Daher ist alle Erinnerung wehmütig, alle Ahndung freudig. Jene mäßigt die allzu große Lebhaftigkeit, diese erhebt ein zu schwaches Leben. Die gewöhnliche Gegenwart verknüpft Vergangenheit und Zukunft durch Beschränkung. Es entsteht Kontiguität, durch Erstarrung Kristallisation. Es gibt aber eine geistige Gegenwart, die beide durch Auflösung identifiziert, und diese Mischung ist das Element, die Atmosphäre des Dichters.

Novalis: Blütenstaub

15

Dezember

Wie die Hand, vors Auge gehalten, den größten Berg verdeckt, so deckt das kleine irdische Leben dem Blick die ungeheuern Lichter und Geheimnisse, deren die Welt voll ist, und wer es von seinen Augen wegziehen kann, wie man eine Hand wegzieht, der schaut das große Leuchten des Weltinnern.

Martin Buber: Die Geschichten des Rabbi Nachman

Er ist das Innerste von allem,
Er weckt mein Leben mit seiner tief verborgenen Berührung.
Er legt auf diese Augen sein Entzücken
Und spielt beseligt auf den Saiten meines Herzens
In mannigfacher Weise von Freud und Schmerz.
Er webt den Schleier dieser Maya,
Zartgetönt in Gold und Silber, blau und grün,
Und läßt ein wenig aus den Falten seine Füße schauen;
Wenn ich sie berühre, vergesse ich mich selbst.
Tage kommen und Jahrtausende vergehen,
Und immer ist es Er, der mich bewegt
In vielen Namen, vielen Masken, in vielen Strömen
Von Jubel und von Leid.

Rabindranath Tagore

17

Dezember

Die Tätigkeit des Raums und der Zeit ist die Schöpfungskraft und ihre Verhältnisse die Angel der Welt.

Novalis: Brief an Friedrich Schlegel, 20. 1. 1799

18

Dezember

Nur derjenige, der die Schwelle des peripherischen Bewußtseins in den fortgeschrittenen Stadien der Versenkung *(dhyana)* überschritten hat, tritt in diese Dimension ein, in der das, was bisher als Zeit empfunden wurde, nicht mehr als eine bloß negative Eigenschaft unserer flüchtigen Existenz erlebt wird, sondern als ein stets gegenwärtiger dynamischer Aspekt des Universums und der inhärenten Natur des Lebens und des Geistes, jenseits von Sein und Nichtsein, jenseits von Entstehen und Vergehen. Es ist der lebendige Atem der Wirklichkeit – Wirklichkeit nicht im Sinne einer Abstraktion, sondern als Aktualität, als ein Wirken auf allen Ebenen des Erlebens – einer Wirklichkeit, die sich ebensosehr in den gewaltigen zyklischen Bewegungen des Universums, der Systole und Diastole des Herzens oder den Gemütsbewegungen und den Ekstasen des Geistes offenbart. Sie offenbart sich im kosmischen Reigen der Himmelskörper wie im Kreisen der Protonen und Elektronen – in der »Harmonie der Sphären« wie im »inneren Laut« *(śabda)* lebender Wesen, in der Funktion des Atems wie in der Bewegtheit unseres Geistes und dem Rhythmus unseres Lebens.

Lama Anagarika Govinda

19

Dezember

Wer im Augenblick steht, der ist zwiefach gewendet: für ihn laufen Vergangenheit und Zukunft gegeneinander. Er läßt das Gegenläufige in sich zum Zusammenstoß kommen und doch nicht stillstehen, indem er den Widerstreit des Aufgegebenen und Mitgegebenen entfaltet und aushält. Den Augenblick sehen, heißt: in ihm stehen.

Martin Heidegger: Nietzsche

In schmerzvollen Zeiten, wenn die Zukunft zu beängstigend war, um über sie nachzudenken, und die Vergangenheit zu schmerzvoll, um sie sich in Erinnerung zu rufen, habe ich gelernt, dem Hier und Jetzt Aufmerksamkeit zu schenken. Der Augenblick, in dem ich mich unmittelbar befand, war immer der einzig sichere Platz. Jeder Moment für sich genommen war immer auszuhalten. Im gegenwärtigen Augenblick sind wir alle immer in Ordnung. Gestern ist vielleicht die Ehe zu Ende gegangen. Morgen kann die Katze sterben. Auch wenn ich noch so sehr darauf warte, kann es sein, daß der Anruf des Geliebten niemals kommt, aber jetzt in diesem Augenblick, gerade jetzt, ist das in Ordnung. Ich atme ein und atme aus. Indem mir das klarwird, fange ich an zu bemerken, daß jeder Moment auch seine Schönheit hat.

Julia Cameron: Der Weg des Künstlers

21

Dezember

Die schönste Zeit im Jahr, im Leben, im Jahr? Lassen Sie mich nachfühlen. [...]
Und Winter? Es wird eine Art Schnee geliefert, der sich, wenn er die Erde nur von weitem sieht, sofort in Schmutz auflöst; wenn es kalt ist, ist es nicht richtig kalt, sondern naßkalt, also naß ... Tritt man auf Eis, macht das Eis Knack und bekommt rissige Sprünge, so eine Qualität ist das! Manchmal ist Glatteis, dann sitzt der liebe Gott, der gute, alte Mann, in den Wattewolken und freut sich, daß die Leute der Länge lang hinschlagen ... also, wenn sie denn werden kindisch ... kalt ist der Ostwind, kalt die Sonnenstrahlen, am kältesten die Zentralheizung – der Winter –?

Kurt Tucholsky: Die fünfte Jahreszeit

Der Seufzer

Ein Seufzer lief Schlittschuh auf nächtlichem Eis
und träumte von Liebe und Freude.
Es war an dem Stadtwall; und schneeweiß
glänzten die Stadtwallgebäude.

Der Seufzer dacht an ein Maidelein
und blieb erglühend stehen.
Da schmolz die Eisbahn unter ihm ein –
und er sank – und ward nimmer gesehen.

Christian Morgenstern

Ein Fichtenbaum

Ein Fichtenbaum steht einsam
Im Norden auf kahler Höh.
Ihn schläfert; mit weißer Decke
Umhüllen ihn Eis und Schnee.

Er träumt von einer Palme,
Die, fern im Morgenland,
Einsam und schweigend trauert
Auf brennender Felsenwand.

Heinrich Heine

Weihnachtslied

Frost klirre Glas!
Eisblumen blühn.
Rauhreif im welken Gras
sprüht feurig Grün.

Fuchs, Has und Reh
hüllt warm das Winterfell.
Bald fällt ein Schnee
und macht die Nächte hell –

Wiesel wird Hermelin.
Dompfaff ans Fenster pickt.
Herr, mach auch ihn
warm wie von Woll' umstrickt.

Laut unser Weihnachtswunsch
beim roten Toddyglas:
Schenk jedem Bettler Punsch
und jedem Vogel Fraß!

Viel Brüder schweifen weit
in deiner Nacht verirrt.
Schaff uns die Zeit,
wo jedem Heimat wird.

Schick uns die Not,
eh' unser Herz erschlafft.
Gib täglich Brot
jedem, der sich's erschafft.

Schür uns die Freud!
Hell brennt die Sonn ins Feld!
All sind wir reiche Leut
auch ohne Geld!

Hilf, daß der rechte Mann
die rechte Frau sich find',
und segne beiden dann
ein Krippenkind.

Carl Zuckmayer

manchmal
bekommt die zeit
einen riß

durch den
die liebe
schimmern kann

Hans-Curt Flemming

Im Heute einziges Licht
Im Heute die ganze Kindheit
Das Leben verwandelnd in Glanz
Ohne Gestern ohne Morgen
Im Heute nächtlicher Traum
Alles erlöst sich am hellen Tag
Ewig bin ich im Heute

Paul Eluard:
aus Fortwährende Dichtung

Betrachtung der Zeit

Mein sind die Jahre nicht, die mir die Zeit genommen;
Mein sind die Jahre nicht, die etwa möchten kommen;
Der Augenblick ist mein, und nehm ich den in acht,
So ist der mein, der Jahr und Ewigkeit gemacht.

Andreas Gryphius

Ist das Unendliche in
eurem Herzen,
So wird die Zeit in euren
Händen geboren,
Und Zeit für alles werdet
ihr haben.

Gitta Mallasz

In einem Haus, auf feinem Tannenreiser,
sitzen ein Bettelmann und ein Kaiser.

Beide summen und lachen und trinken
und reden laut und leise und winken.

Ein volles Jahr rollt über das Dach.
Ein volles Jahr rollt über das Dach.

Jesse Thoor

Der Dezember

Das Jahr ward alt. Hat dünne Haar.
Ist gar nicht sehr gesund.
Kennt seinen letzten Tag, das Jahr.
Kennt gar die letzte Stund.

Ist viel geschehn. Ward viel versäumt.
Ruht beides unterm Schnee.
Weiß liegt die Welt, wie hingeträumt.
Und Wehmut tut halt weh.

Noch wächst der Mond. Noch schmilzt er hin.
Nichts bleibt. Und nichts vergeht.
Ist alles Wahn. Hat alles Sinn.
Nützt nichts, daß man's versteht.

Und wieder stapft der Nikolaus
Durch jeden Kindertraum.
Und wieder blüht in jedem Haus
Der goldengrüne Baum.

Warst auch ein Kind. Hast selbst gefühlt,
Wie hold Christbäume blühn.
Hast nun den Weihnachtsmann gespielt
Und glaubst nicht mehr an ihn.

Bald trifft das Jahr der zwölfte Schlag.
Dann dröhnt das Erz und spricht:
»Das Jahr kennt seinen letzten Tag,
und du kennst deinen nicht.«

Erich Kästner

31

Dezember

»Silvesterabend ist«, sagen die Leute, »ein Jahr ist in einigen Stunden aus, und ein neues beginnt.«
»Es ist ein wichtiger Zeitabschnitt«, sagen die andern, »er hat das, er hat jenes gebracht, was wird der neue bringen?«
Und wie viele fragen: »Was ist die Zeit?«
Und ich, wenn wir von so etwas Ungeheurem reden, von einem Abschnitte der Zeit, frage: »Was ist die Zeit?« »Und kann man sie abschneiden und zerschneiden?«
Unzählige Millionen Menschen lebten und leben in der Zeit, sprachen und sprechen von der Zeit, und meinen, wenn sie die Frage hören, was ist die Zeit, die Antwort auf der Zunge zu haben: und kein Sterblicher hat noch ausgesagt, was die Zeit ist, und kein Sterblicher weiß es, was die Zeit ist.
Sie ist das Geheimnis der ganzen Schöpfung, wir sind in sie eingehüllt, kein Pulsschlag, kein Blick der Augen, kein Zucken einer Fiber ist außer ihr, wir können nicht aus ihr heraus und wissen nicht, was sie ist.

Adalbert Stifter: Der Silvesterabend

Epilog

Auge der Zeit

Dies ist das Auge der Zeit:
Es blickt scheel
unter siebenfarbener Braue.
Sein Lid wird von Feuern gewaschen,
seine Träne ist Dampf.

Der blinde Stern fliegt es an
und zerschmilzt an der heißeren Wimper:
Es wird warm in der Welt,
und die Toten
knospen und blühen.

Paul Celan

Anhang

Quellenverzeichnis

Altägyptischer Text: Die Sonnenbarke steht still... Aus: Die Zeit. Dauer und Augenblick. Hrsg. Carl-Friedrich-von-Siemens-Stiftung. © Oldenbourg Wissenschaftsverlag, München 1983.

Athavaveda, Die Zeit → Lyrik des Ostens.

Bach, Richard, Zitat aus: Die Möwe Jonathan. © Ullstein Heyne List GmbH & Co. KG, München.

Bachmann, Ingeborg, Auch ich habe in Arkadien gelebt/Strömung. Aus: dies., Werke Bd. 1 und 2. © Piper Verlag GmbH, München 1978.

Baxter, Richard, Die Zeit gut anwenden... Aus: Whitrow, G. J., Die Erfindung der Zeit. © Junius Verlag GmbH, Hamburg 1991, S. 245.

Bemmann, Hans, Du hast noch viel Zeit... / Wer sich ohne Frühstück auf den Weg... Zitate aus: ders., Stein und Flöte und das ist noch nicht alles. © Piper Verlag GmbH, München 1983.

Benn, Gottfried, Astern/Ein Wort. Aus: ders., Statische Gedichte. © 1948, 2000 by Arche Verlag AG, Zürich–Hamburg.

Benn, Gottfried, Erinnerungen. Aus: ders., Sämtliche Gedichte. © Klett-Cotta, Stuttgart 1998.

Bergengruen, Werner, Frage und Antwort. © Werner-Bergengruen-Archiv, Neustadt/Weinstraße.

Bibeltexte. Aus: Lutherbibel, revidierter Text 1984. © 1985 Deutsche Bibelgesellschaft, Stuttgart. Außer: Hohelied → Buber, Martin.

Binding, Rudolf G., Spruch für eine Sonnenuhr. Aus: Der ewige Brunnen, Hrsg. Ludwig Reiners, München 1970, S. 236.

Borchers, Elisabeth, Ende des Sommers. Aus: dies., Alles redet, schweigt und ruft. © Suhrkamp Verlag, Frankfurt 2001.

Brambach, Rainer, Im Juli und August. Aus: ders., Heiterkeit im Garten. Das gesamte Werk. © 1989 Diogenes Verlag AG, Zürich.

Brasch, Thomas, Der schöne 27. September. Aus: ders., Der schöne 27. September. © Suhrkamp Verlag, Frankfurt 1980.

Brecht, Bertolt, Drachenlied / Im Kalender ist der Tag... / Kalifornischer Herbst / Karsamstagslegende / Legende von der Entstehung des

Ende, Michael, Drei Brüder … / Könntest du es dann … / Sag mal … Aus: ders., Momo. © 1973 by Thienemann Verlag (Thienemann Verlag GmbH), Stuttgart–Wien.

Enzensberger, Hans Magnus, Empfänger unbekannt. Aus: ders., Kiosk. © Suhrkamp Verlag, Frankfurt 1997.

Flemming, Hans-Curt, höchste zeit / manchmal bekommt die zeit. © Autor.

Fried, Erich, Du liebe Zeit. Aus: ders., Unverwundenes. © 1988, NA 1995, Verlag Klaus Wagenbach, Berlin.

Fried, Erich, Die Zeit der Pflanzen. Aus: ders., Reich der Steine. Zyklische Gedichte. © 1963 Claassen Verlag, jetzt München.

Gebser, Jean, Ich habe keine Zeit. Aus: ders., Ursprung und Gegenwart. © 1966 Deutsche Verlags-Anstalt GmbH, Stuttgart.

Geißler, Karlheinz, Behütet ist man im Leben … / Eine entfernte Cousine … Aus: ders., Zeit – verweile doch … © Verlag Herder, Freiburg 5. Aufl. 2003.

Genro, Eine Wolke … / Im Garten voll Weiden … Aus: Die Hundert Zen-Koans der »Eisernen Flöte«. © Origo Verlag, Bern 1964, S. 15, S. 44.

Gibran, Khalil, Von der Zeit. Aus: ders., Der Prophet. © Patmos Verlag GmbH & Co. KG/Walter Verlag, Düsseldorf und Zürich.

Govinda, Lama Anagarika, Nur derjenige … / Was wir »ewig« nennen / Wir sprechen im allgemeinen … / Zeit ist nicht … / Zeit und Raum … / Zukunft ist nur eine … Aus: Govinda, L. A., Schöpferische Meditation und multidimensionales Bewußtsein. 3. Aufl. 1988, Aurum Verlag, © bei der Lama Anagarika und Li Gotami Govinda Stiftung, München.

Grüsser, Otto-Joachim, Seit der Epoche der vorsokratischen Philosophen … Aus: Die Zeit. Dauer und Augenblick. Hrsg. Carl-Friedrich-von-Siemens-Stiftung. © Oldenbourg Wissenschaftsverlag, München.

Guareschi, Giovanni, Das kleine Tor in der Steinkapelle … Aus: ders., Don Camillo und Peppone. © Otto Müller Verlag, Salzburg 1988, 46. Aufl.

Heidegger, Martin, Wer im Augenblick steht … Zit. nach Hillebrand, Bruno, Ästhetik des Augenblicks, Göttingen 1999.

Hernu, Marc, Seezeit. Zit. aus: Verlomme, Hugo, Reisen mit dem Frachtschiff. Erschienen im Umschau Buchverlag, Frankfurt.

Hesiod, Sind aber dann … / Wenn das Gestirn … Aus: ders., Theogonie. Werke und Tage (griechisch/deutsch). Hrsg. und übers. von Albert von Schirnding. Mit einer Einf. und einem Reg. von Ernst Günther Schmidt. © Patmos Verlag GmbH & Co. KG/Artemis & Winkler Verlag, Düsseldorf/Zürich 3. Aufl. 2002 (Sammlung Tusculum).

Hesse, Hermann, Im Nebel / Stufen / Verfrühter Herbst / Voll Blüten. Aus: Sämtliche Werke. © Suhrkamp Verlag, Frankfurt.

Hesse, Hermann, Ist es nicht so ... Aus: ders., Siddharta. © Suhrkamp Verlag, Frankfurt.

Hesse, Hermann, Wasser floß ihm in den Mund. Aus: ders., Klein und Wagner. © Suhrkamp Verlag, Frankfurt.

Hildesheimer, Wolfgang, 17. Oktober. Aus: ders., Lieblose Legenden. © Suhrkamp Verlag, Frankfurt 1962.

Hinterberger, Thilo, Zeitmaschine. © Autor.

Huch, Ricarda, Tief in den Himmel verklingt. Aus: dies., Herbstfeuer. Gedichte. © Insel Verlag, Frankfurt.

Huchel, Peter, Löwenzahn. Aus: ders., Die Sternenreuse. © Piper Verlag GmbH, München 1967.

I Ging, Fördernd ist zu haben, wohin man gehe. Aus: Wilhelm, Richard, Das Buch der Wandlungen. © Diederichs im Heinrich Hugendubel Verlag Kreuzlingen/München.

Indischer Spruch, Allmählich → Lyrik des Ostens.

Jeffers, Robinson, Es kommt eine Zeit ... Aus: ders., The Double Axe (1948). Amerikanische Dichtung von den Anfängen bis zur Gegenwart, Bd. 4: Englische und Amerikanische Dichtung. Hrsg. Eva Hesse und Heinz Ickstadt. C. H. Beck Verlag, München 2000, S.145. © der Übersetzung: Eva Hesse.

Kästner, Erhart, Der Hund in der Sonne. Aus: ders., Der Hund in der Sonne (Texte aus dem Nachlaß). © Suhrkamp Verlag Frankfurt 1975.

Kästner, Erich, Der Dezember / Die Zeit / Die Zeit fährt Auto / Sechsundvierzig Heiligabende: Erinnerungen / Exemplarische Herbstnacht / Kleine Stadt am Sonntagmorgen / Zur Fotografie eines Konfirmanden. © Atrium Verlag, Zürich, und Thomas Kästner.

Kalidasa, Mond und Sonne → Lyrik des Ostens.

K'apisehimu (Gayle High Pine), Indianische Perspektiven: Unsere Zeitwahrnehmung. © Waltraud Wagner.

Kaschnitz, Marie Luise, Erinnerung. Aus: dies., Gedichte. © Insel Verlag, Frankfurt.

Kaschnitz, Marie Luise, Ganz plötzlich ist der Park gestorben. Aus: dies., Orte. © Insel Verlag, Frankfurt 1973.

Kaschnitz, Marie Luise, Am Strande. Aus: dies., Überallnie. Ausgewählte Gedichte von 1928–1965. © 1965 Claassen Verlag, jetzt München.

Khayyam, Omar, Diese Lebenskarawane ... aus: Fraser, J. T., Die Zeit –

vertraut und fremd. © Birkhäuser Verlag AG, Basel–Boston–Berlin 1988, S. 55.
Kierkegaard, Sören, Der Augenblick ist jenes Zweideutige, ... Aus: ders., Der Begriff Angst. Aus d. Dän. v. Perlet, Gisela. Nachw. v. Eichler, Uta. © Verlag Philipp Reclam jun., Ditzingen.
Klages, Ludwig, Der Wald, den ich ... / Gedenke ich der Vergangenheit ... Aus: ders., Vom kosmogonischen Eros. © Bouvier Verlag, Bonn 9. Aufl. 1988, S. 108 f./S. 127 f.
Konfuzius, Mit fünfzehn wandte ich mich. Aus: Eliade, Mircea, Geschichte der religiösen Ideen. © Verlag Herder, Freiburg 2002.
Krolow, Karl, Sonntagvormittag. © Suhrkamp Verlag, Frankfurt.
Kübler-Ross, Elisabeth, Die Realität der Zeit ist die ... / Ein Mann in den Fünfzigern ... Aus: dies./Kessler, David, Geborgen im Leben. Wege zu einem erfüllten Dasein. © Kreuz Verlag, Stuttgart 2001, S. 138 ff.
Kunert, Günter, Vorschlag. Aus: ders., Warnung vor Spiegeln. Gedichte. © 1970 Carl Hanser Verlag, München–Wien.
Kurz, Isolde, Über ein Glück, das du flüchtig besessen. Aus: Der ewige Brunnen. Hrsg. Ludwig Reiners. München 1970, S. 665.
Lasker-Schüler, Else, Lied meines Lebens. Aus: dies., Gesamtwerk, Band 1: Die Gedichte. © Suhrkamp Verlag, Frankfurt 1996.
Levine, Robert, Das internationale Wartespiel / Der New Yorker Psychoanalytiker ... / Erst im zweiten Jahr ... / Ist Zeit Geld? Aus: ders., Eine Landkarte der Zeit. Aus dem Amerikanischen von Christa Broermann und Karin Schuler. © Piper Verlag GmbH, München 1998.
Li Bo (Li Tai-Pe), An einem Frühlingstag betrunken erwachen → Lyrik des Ostens.
Lightman, Alan, Angenommen, die Zeit ... / In einer Welt ... / Ob man eine Straße ... Aus: ders., Und immer wieder die Zeit. Einstein's Dreams. © 1993 by Alan Lightman, Einstein's Dreams. Für die deutsche Ausgabe: © 2002 Droemersche Verlagsanstalt Th. Knaur Nachf. GmbH & Co., München. © der deutschen Übersetzung von Friedrich Griese: 1994 Hoffmann und Campe Verlag, Hamburg.
Löhr, Edda, Es ist an der Zeit ... © Autorin.
Lyrik des Ostens. Hrsg. von Gundert Wilhelm. © 1952 Carl Hanser Verlag, München–Wien.
Mallasz, Gitta, Ist das Unendliche ... Aus: dies., Die Antwort der Engel. Hrsg. Lela Fischli. © Daimon Verlag, Einsiedeln 11. Aufl. 2001, S. 85.
Mann, Thomas, Halte die Zeit! Aus: ders., Lotte in Weimar. © Bermann-

Fischer Verlag, Stockholm 1939. Alle Rechte vorbehalten S. Fischer Verlag GmbH, Frankfurt am Main.

Mann, Thomas, Ich finde doch … / Komisch ist … / Was ist die Zeit? Aus: ders., Der Zauberberg. © S. Fischer Verlag, Berlin 1924.

Marc Aurel (Marcus Aurelius Antoninus), Jenes eilt ins Dasein … Aus: ders., Wege zu sich selbst (griechisch/deutsch). Hrsg. und übers. von Rainer Nickel. © Patmos Verlag GmbH & Co. KG/Artemis & Winkler Verlag, Düsseldorf und Zürich 2. Aufl. 1998.

Mello, Anthony de, Buddha wurde einmal gefragt … / Der kleine Fisch / Ein Gleichnis über das moderne Leben / Ein japanischer Krieger … Aus: ders., Warum der Vogel singt. Weisheitsgeschichten. © Verlag Herder, Freiburg 24. Aufl. 2002.

Mello, Anthony de, Der Uhrmacher war gerade dabei … Aus: ders., Warum der Schäfer jedes Wetter liebt. Weisheitsgeschichten. © Verlag Herder, Freiburg 17. Aufl. 2002.

Mello, Anthony de, Es war einmal ein erschöpfter Holzfäller. Aus: ders., Gib deiner Seele Zeit. Inspirationen für jeden Tag. © Verlag Herder, Freiburg 6. Aufl. 2003.

Nabokov, Vladimir, Ich möchte das Wesen … / Zeit ist Rhythmus … Aus: ders., Ada oder das Verlangen. Deutsche Übersetzung von Uwe Friesel und Marianne Therstappen. © 1974 by Rowohlt Verlag GmbH, Reinbek bei Hamburg.

Okonnek, Evelyne, Alles hat seine Zeit. © Autorin.

Owlglass, Dr., Sommerliche Konflikte. Aus: Ausgewählte Werke des »Simplicissimus«-Dichters Dr. Owlglass. © Jürgen Schweier Verlag, Kirchheim/Teck.

Pascal, Blaise, Die Natur beginnt immer wieder … / Langeweile … / Niemals halten wir uns an die Gegenwart … / Unendlich – Nichts. Aus: dies., Gedanken. Über die Religion und einige andere Themen. Hrsg. v. Armogathe, Jean R. A. d. Franz. v. Kunzmann, Ulrich. © Verlag Philipp Reclam, Ditzingen 1997.

P'Bitek, Okot, Ein afrikanischer Streitgesang. Aus: Moritz/Rüstau/Hoffmann (Hrsg.), Wie und Warum entstand Philosophie in verschiedenen Regionen der Erde? © Dietz Verlag, Berlin 1988, S. 225.

Platon, Als aber der Vater … Aus: ders., Spätdialoge, Band 2, eingeleitet von Olof Gigon, übertragen von Rudolf Rufener. Artemis Verlags-AG 1969. © Patmos Verlag GmbH & Co. KG/Artemis & Winkler Verlag, Düsseldorf und Zürich.

Prévert, Jacques, Die verlorene Zeit. Aus: ders., Gedichte und Chansons.

Deutsche Übersetzung von Kurt Kusenberg. © 1962 by Rowohlt Taschenbuch Verlag GmbH, Reinbek bei Hamburg.

Proust, Marcel, Die Zeit, die wir jeden Tag… Aus: ders., Auf der Suche nach der verlorenen Zeit. © Suhrkamp Verlag, Frankfurt 1953.

Raeber, Kuno, Warten. Aus: ders., Werke in fünf Bänden. Band 1: Lyrik. © 2002 Nagel & Kimche im Carl Hanser Verlag, München–Wien.

Reinig, Christa, Die Spur. Aus: dies., Die Steine von Finisterre. © Eremiten-Presse/Verlag Eremiten-Presse GmbH, Düsseldorf 1960.

Ringelnatz, Joachim, Liedchen / Meine alte Schiffsuhr / Mißmut / Stille Winterstraße / Überall. Aus: ders., Das Gesamtwerk in sieben Bänden. © 1994 Diogenes Verlag AG, Zürich.

Rinn, Wolfgang, Die Zeit fließt. © Autor.

Rössler, Otto E., Jetzt-Schraube. © Autor.

Roth, Eugen, Flüchtige Zeit / Unterwegs / Vergebliche Mühe / Weltlauf. © Dr. Thomas Roth.

Saint-Exupéry, Antoine de, Am nächsten Morgen… / Guten Tag… aus: ders., Der Kleine Prinz. © 1950 und 1998 Karl Rauch Verlag, Düsseldorf.

Scholz, Dietmar, ablegen / an meine tochter / ein schritt durch räume / horizonte / im herbst / tage um ostern. © Autor.

Seghers, Anna, Crisanta hatte noch… Aus: dies., Der Ausflug der toten Mädchen und andere Erzählungen. © Aufbau Verlag GmbH, Berlin 1948.

Seneca, Lucius Annaeus, Ein jeder bekommt soviel… Aus: ders., Die kleinen Dialoge (lateinisch-deutsch). Hrsg., übers. und mit einer Einf. vers. v. Gerhard Fink. Artemis Verlags GmbH 1992. © Patmos Verlag GmbH & Co. KG/Artemis & Winkler Verlag, Düsseldorf und Zürich 1992.

Shakespeare, William, Hamlet: Ich trotze allen… Aus: ders., Sämtliche Werke in drei Bänden, Band III: Tragödien. © Patmos Verlag GmbH & Co. KG/Artemis & Winkler Verlag, Düsseldorf und Zürich 8. Aufl. 2000, S. 695, 696.

Shakespeare, William, Jacques: Die ganze Welt ist Bühne… / Rosalinde: Die Zeit reiset in verschiedenem Schritt… Aus: ders., Sämtliche Werke in vier Bänden. Sämtliche Dramen, Band I: Komödien. © Patmos Verlag GmbH & Co. KG/Artemis & Winkler Verlag, Düsseldorf und Zürich 8. Aufl. 1996, S. 702, 712.

Shakespeare, William, Sonette Nr. 60. Aus: ders., Sämtliche Werke in vier Bänden. Sonette und Versepen. © Patmos Verlag GmbH & Co. KG/Artemis & Winkler Verlag, Düsseldorf und Zürich 2001, S. 67.

Tagore, Rabindranath, Er ist das Innerste … / Gegrämt hab' ich mich … / Ist es Dir fremd … / Zeit ist endlos … Aus: ders., Gitanjali (Gedichtzyklus). © Hyperion-Verlag, Garching.

Theragatha, Ewige Wiederkehr → Lyrik des Ostens.

Thoor, Jesse, In einem Haus. Aus: ders, Gedichte. © Suhrkamp Verlag, Frankfurt 1975.

Tributsch, Helmut, Wir sind, weil wir die Zeit sind. © Autor.

Tucholsky, Kurt, Die fünfte Jahreszeit: Frühling / Sommer / Herbst / Und Winter / Wenn der Sommer vorbei ist. Aus: ders., Gesammelte Werke in zehn Bänden. Hrsg. Mary Gerold-Tucholsky u. Fritz J. Raddatz. © 1960 by Rowohlt Verlag, Reinbek bei Hamburg.

Tucholsky, Kurt, Dreißig Grad. Aus: ders., Gesammelte Werke in zehn Bänden. Band 7: Gedichte. Hrsg. Mary Gerold-Tucholsky u. Fritz J. Raddatz. © 1983 by Rowohlt Verlag, Reinbek bei Hamburg.

Tulku, Tarthang, Unendlich ausdehnbar … Aus: ders., Dynamik von Zeit und Raum. Wege zur Öffnung der Grenzen von Erkenntnis. © Dharma-Publishing Deutschland, Köln, S. 209.

Uhde-Stahl, Brigitte, Der Bach / Ich – Schnittstelle Interface / ZeitAnsage. © Autorin.

Walser, Robert, Der Schnee / Schneeglöckchen. Aus: ders., Das Gesamtwerk. © Suhrkamp Verlag Zürich/Frankfurt 1978, mit Genehmigung der Inhaberin der Rechte, der Carl Seelig-Stiftung, Zürich.

Wawashkesh (Wilfried Pelletier), Indianische Perspektiven: Ich habe mir mal überlegt … / Manchmal habe ich … © Waltraud Wagner.

Werfel, Franz, Auf den alten Stationen / Elternlied. Aus: ders., Gesammelte Werke. Das Lyrische Werk. Hrsg. von Adolf D. Klarmann. © S. Fischer Verlag GmbH, Frankfurt am Main, 1967.

Witowski, Sabine, Tage wie Nebelschwaden. © Autorin.

Wittgenstein, Ludwig, Denke, jemand sagt … Aus: ders., Über Gewißheit. © Suhrkamp Verlag 1970.

Zuckmayer, Carl, Oktober-Narr / Weihnachtslied. Aus: ders., Gedichte. © S. Fischer Verlag GmbH, Frankfurt am Main, 1977.

Zweig, Stefan, Nur wer … (Zitat). Ohne Quelle. © S. Fischer Verlag GmbH, Frankfurt am Main.

Autorenregister